Gesund mit Paleo

In Zusammenarbeit mit Radio NBC

DR. MED. CRISTINA TOMASI

Gesund mit Paleo

Zucker ist Gift, gesundes Fett nicht!

Ernährungs-Ratgeber mit 80 Rezepten
und zahlreichen Fitnessübungen

VERLAGSANSTALT ATHESIA | BOZEN

BIBLIOGRAFISCHE INFORMATION DER DEUTSCHEN NATIONALBIBLIOTHEK
Die Deutsche Nationalbibliothek verzeichnet diese Publikation
in der Deutschen Nationalbibliografie; detaillierte
bibliografische Daten sind im Internet abrufbar:
http://dnb.d-nb.de

BILDNACHWEIS
Dolomiten-Infografik: Seite 12
Fotolia: Seite 9–11, 13–44, 46–54, 56
PantherMedia, Erik Reis: Seite 55
Alle übrigen Aufnahmen stammen von Luca Ognibeni

Oktober 2013 · *Zweite Auflage*

Lektorat: Nicoletta de Rossi
Korrektorat: Kathrin Kötz
Umschlaggestaltung: Athesia Verlag
Gestaltung und Satz: design.buero, St. Leonhard in Passeier
Druck: Athesia Druck, Bozen

ISBN 978-88-8266-948-5

www.athesia.com
buchverlag@athesia.it

Inhalt

Für Helmuth

Das, was uns heute unmöglich erscheint,
wird die höchste Weisheit morgen sein.
John Stuart Mill

Die alten Gewohnheiten, auch die schlechten,
stören weniger als Neues und Ungewohntes.
Dabei wäre es oft wichtig, sie abzulegen,
um Neues und Ungewohntes zu erreichen.
Hippokrates

Für figurbewusste Frauen
ESCADA
SPORT
Les Copains
DIDIER PARAKIAN
Mode
greta
Boutique
Mustergasse 3
39100 Bozen
Tel. 0471 976 776

Gesund mit Paleo

Warum Zucker Gift ist und gesundes Fett nicht!

Liebe Leser,
warum dieses Buch?

In erster Linie, weil mich viele meiner Patienten darum gebeten haben. Zuerst war ich überrascht, beinahe sprachlos – was mir tatsächlich nicht oft passiert. Ein Buch über Ernährung? Solche gibt es bereits zuhauf – viele leider nur in englischer Sprache, aber von namhaften Autoren, wahren Experten auf diesem Gebiet. Dann aber habe ich mir gesagt: Es ist meine Erfahrung und die meines Mannes sowie die von Hunderten meiner Patienten, die den Weg dieses Buches vorzeichnen. Ihre Geschichten möchte ich erzählen. Die Geschichten meiner Patienten, die sich wohlfühlen, nachdem sie ihre Ernährung umgestellt und ihren Lebensstil geändert haben. Sie haben abgenommen und ihr neues Gewicht gehalten, sie benötigen weniger Blutdruck- oder Diabetes-Medikamente, sie klagen nicht mehr über Migräne, nicht mehr über Bauchschmerzen, Blähungen oder Sodbrennen, sie haben ihre Probleme mit unreiner Haut im Griff, sprühen vor Energie und wissen nicht mehr, was es heißt, ständig niedergeschlagen und träge zu sein und dauernd Hungerattacken zu haben.

Stellen Sie sich vor: Ein Mensch verdrückt in 80 Jahren seines Lebens zwischen 30 und 60 Tonnen (!) an Nahrung. Unterschätzen wir deshalb nicht das, was wir essen und seine Folgen. Der Einfluss ist enorm. Deshalb sollten wir uns bewusst werden, was wir essen. Wenn uns das einmal gelingt, dann ist alles andere ein Kinderspiel.
Unser Leben ist schon verrückt: Wir haben Arbeit, Mann/Frau, Kinder, Eltern, Hobbys, Schulden, Verantwortungen und Pflichten, die uns quälen. Wir brauchen also nicht auch noch eine „Diät“, die uns das Leben schwer macht, die uns Zeit stiehlt, die sonst schon knapp bemessen ist. Wir brauchen stattdessen Essensgewohnheiten, die einfach sind und schnell umzusetzen, die uns Wohlbefinden schenken, die unsere Kilos purzeln lassen, wenn wir zu viele davon haben, und die uns helfen, unser Gewicht zu halten.

Ich bin seit über 20 Jahren Ärztin. Ich habe unzählige Menschen mit den unterschiedlichsten Gesundheitsproblemen gesehen, besonders viele mit den Plagen unserer Zeit – allzuoft assoziiert mit Übergewicht, Bluthochdruck, Diabetes, Fettleibigkeit, Herzerkrankungen, Tumorerkrankungen ... Viele dieser Patienten erhalten die verschiedensten Tipps, was sie wann und wie essen sollen. Es passiert sehr oft, dass die Patienten richtig konfus von den ganzen Diäten sind. Sie klagen, dass sich die Ratschläge widersprechen, sie wissen nicht mehr, wem und was sie glauben sollen. Die meisten haben bereits fünf bis sechs Diäten hinter sich – mit dem bekannten Jo-Jo-Effekt.

Der größte Feind der Diät ist aber die Diät selbst! Die Diät macht krank und dick – das klingt paradox, ist aber so. Jede Diät oder jeder Versuch, Gewicht abzunehmen, birgt das Risiko, nicht nur das Ausgangsgewicht wieder zu erreichen, sondern sogar noch darüber hinaus an Gewicht zuzulegen.

Das Wort „Diät“ stammt vom griechischen Wort *diaita* ab und bedeutet Lebensstil. Das ist das zutreffende Wort. Leider aber wird es meist zum Synonym für Verzicht, Opfer und Strafe. Es liegt mir sehr am Herzen, meinen Patienten und Ihnen, liebe Leser, verständlich zu machen, dass Sie ihren Ernährungsstil und im weiteren Sinne Lebensstil ändern sollen – für ihr Wohlbefinden und für immer.
Mit diesem Buch möchte ich Ihnen zeigen, dass Sie sich anders ernähren können, als Sie es vielleicht gewohnt sind, aber dass es nicht nötig ist, das Essen auf die Goldwaage zu legen oder Kalorien zu zählen, um glücklich und zufrieden zu sein.

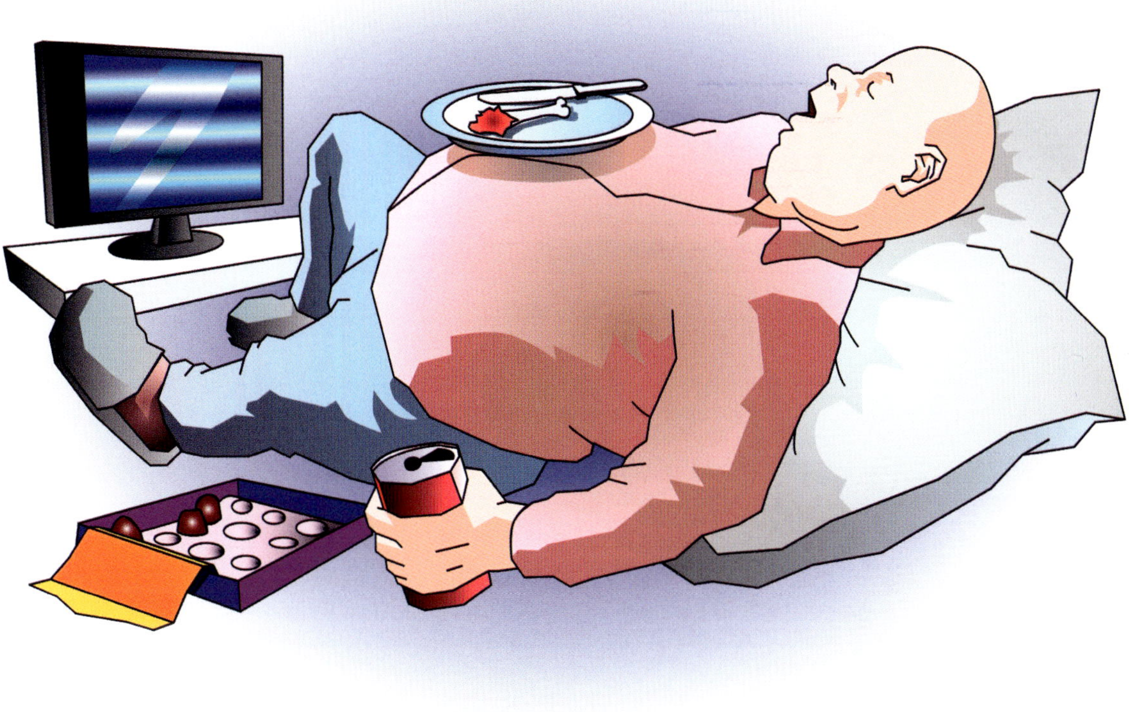

Wenn man rechtzeitig kommt, nennt man es Erziehung, wenn man zu spät kommt, nennt man es Therapie.

Paolo Crepet

Der Beginn ist der wichtigste Teil der Arbeit.

Platon

Die derzeitige weltweite Situation würde ich als dramatisch bezeichnen. In den Vereinigten Staaten hat die neue Generation eine kürzere Lebenserwartung als ihre eigenen Eltern. Warum? Aufgrund der Fettleibigkeit und ihrer verheerenden Folgen. In den USA übertreffen die Todesfälle durch einen Herzinfarkt bereits die Anzahl der Todesopfer durch Verkehrsunfälle.

Und in Europa? Wir sind dem amerikanischen Beispiel dicht auf den Fersen. Die Fettleibigkeit, vor allem ihre Folgen, hat erschreckende Ausmaße angenommen.

Wir können uns also entscheiden: Wollen wir so weitermachen oder wollen wir etwas ändern?
Aber was können wir ändern?
Die Staatsverschuldung oder den Spread? Die großen internationalen Lebensmittelkonzerne, die uns ihre synthetischen und raffinierten Produkte andrehen? Nein!
Wir können unseren Lebensstil ändern und damit ebenso den Lebensstil und auch die Ernährungsweise unserer Nachkommen.

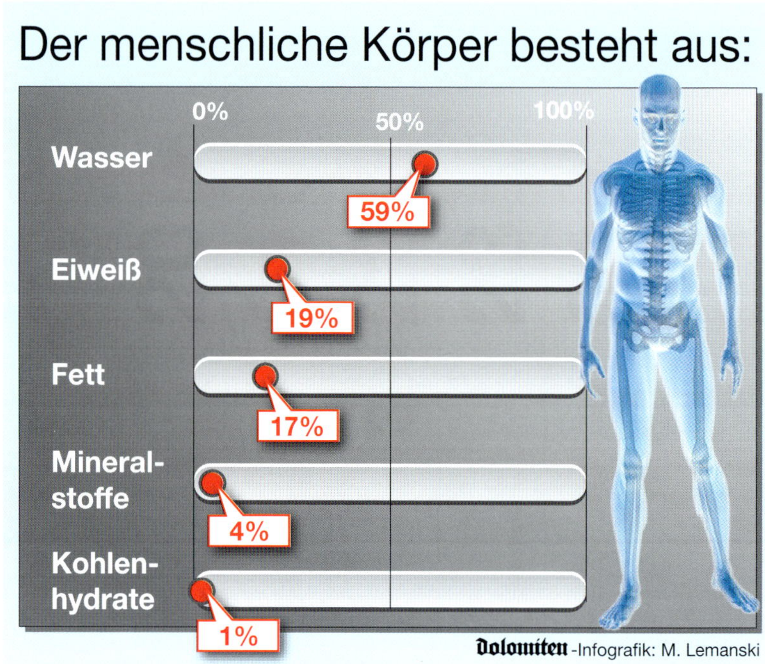

Es ist befremdlich, wie die heutige Gesellschaft auf Fettleibige und Übergewichtige blickt: Sie werden als faul und gefräßig angesehen. Kurzum: Wer übergewichtig ist, ist selbst daran Schuld.
Wenn wir schon von Schuld sprechen wollen, dann denke ich, hat nicht der Betroffene selbst Schuld, sondern die falschen Ernährungsempfehlungen, die uns seit 40 Jahren erteilt werden, basierend auf der sinnlosen Überzeugung, dass Übergewicht nur durch einen übermäßigen Kalorienkonsum zustande kommt, durch das Ungleichgewicht zwischen Kalorienzufuhr und Kalorienverbrennung. Die Konsequenz dieser Interpretation ist, dass das Übergewicht zu einer Pandemie geworden ist, die kein Land ausspart, nicht einmal Entwicklungsländer. Wir befinden uns in einer Notsituation von unvorstellbarer Tragweite, mit verheerenden Auswirkungen auf die Gesundheit der Bevölkerung und die Gesundheitskosten der einzelnen Staaten.
Die Ursachen für Übergewicht führen häufig auch zu Herzkreislauferkrankungen wie Herzinfarkt oder Schlaganfall und zu Bluthochdruck. Stellen Sie sich vor: Eine Milliarde Menschen weltweit leidet unter Bluthochdruck! Übergewicht ist weiters assoziiert mit Osteoporose, Arthrose, Altersdemenz und auch mit Diabetes mellitus. Immer mehr junge Menschen erkranken an Diabetes mellitus Typ 2, einer Diabetesform, die eigentlich für ältere Menschen typisch ist.

Einer der Hauptgründe für das Übergewicht und die Fettleibigkeit ist hormoneller Natur, und das Insulin ist ein wichtiger Hauptakteur. Der Hauptverantwortliche ist der Zucker. Und komplexe Kohlenhydrate wie Pasta, Brot, Reis und

Kekse sind aus einzelnen Zuckermolekülen zusammengesetzt.
Fett spielt keine wesentliche Rolle für das Übergewicht – jetzt nicht und niemals zuvor. Wir werden auf den nächsten Seiten sehen warum.

Das einzig Gute ist Wissen,
das einzige Übel ist Ignoranz.
SOKRATES

Die Zusammensetzung des menschlichen Körpers unterscheidet sich je nach Geschlecht, Alter und Gesundheitszustand. So ist der Fettanteil im weiblichen Körper um zehn Prozent höher als im männlichen, während der Eiweißanteil aufgrund der geringeren Muskelmasse niedriger ist.
Bei übergewichtigen Menschen kann der Fettanteil doppelt so hoch sein. Dabei nimmt das Fett mit dem Alter zu, der Wasseranteil hingegen nimmt ab: Beim Neugeborenen ist noch 80 Prozent des Körpergewichtes Wasser, beim älteren Menschen nur mehr 50 Prozent. Der Eiweißanteil hingegen bleibt vom dritten Lebensjahr an bis ins Alter ziemlich stabil.

Was passiert bei einer Diät?

Man begreift nichts, wenn man es nur erzählt bekommt. Man muss es selbst entdecken.
PAULO COELHO

Viele verlieren Gewicht in einer sehr kurzen Zeit, indem sie aufgrund verschiedenster Diäten die Kalorienzufuhr reduzieren, entweder durch die Aufnahme von weniger Fett oder von weniger Kohlenhydraten.
In beiden Fällen ist der Gewichtsverlust bei den meisten Menschen von kurzer Dauer. Warum? Zum einen aus psychologischen Gründen. Es ist unmöglich, dauerhaft auf Essen zu verzichten, noch dazu in einer Zeit, in der es einem ständig vor die Nase gesetzt wird. Zum anderen aufgrund physiologischer Vorgänge: Der Hunger nimmt ständig zu, während gegengesteuert der Energieverbrauch im Ruhezustand kontinuierlich abnimmt.
Deshalb darf eine Diät nicht als ein Opfer gesehen werden, sondern im Sinne des griechischen Wortursprungs als Lebensstil. Wir müssen unser Leben auf Dauer ändern, unsere Gewohnheiten rundum umstellen, nicht nur unsere Ernährung, sondern auch die Bewegung. Nur so werden wir gesund leben, voller Lebenskraft und ständig in Bewegung.

Was sind Makro- und was Mikronährstoffe?

Alles, was man nicht isst,
ist gut für die Gesundheit.
GUIDO CERONETTI

Die Makronährstoffe bilden die Hauptbestandteile unserer Nahrung, sie liefern Energie und Bausteine, die für das Wachstum und die Regeneration des Körpergewebes notwendig sind. Dazu zählen Eiweiß, Kohlenhydrate und Fett.
Die Mikronährstoffe liefern keine Energie, sind auch nicht direkt notwendig für das Wachstum, müssen aber unbedingt aufgenommen werden, damit der Stoffwechsel einwandfrei funktioniert. Dazu zählen Vitamine, Mineralstoffe und Spurenelemente.
Eine optimale Versorgung des Körpers mit Makro- und Mikronährstoffen ist für die Gesundheit unabdingbar. Eine Über-, aber auch eine Unterversorgung mit Makro- oder Mikronährstoffen kann zu ernsthaften Problemen führen.

Was kennzeichnet diese Ernährungsumstellung, von der ich in diesem Buch spreche?

Ehrliche Auseinandersetzung ist oft
ein gutes Zeichen für Fortschritt.
MAHATMA GANDHI

Es handelt sich keineswegs um eine eiweißreiche Ernährung, sondern nur um eine Umverteilung der Makronährstoffe Eiweiß, Fett und Kohlenhydrate in Quantität und Qualität. Dabei werden die Kohlenhydrate aus dem Getreide durch Kohlenhydrate aus Obst und Gemüse ersetzt und dadurch die eingenommene Menge reduziert, die Fettzufuhr wird erhöht und in leichterem Ausmaße auch die Eiweißzufuhr. Dabei ist besonderer Wert auf die Herkunft von Eiern, Fleisch und Fisch zu legen – wie wir an späterer Stelle noch erfahren werden.

Im Laufe der vergangenen Jahrzehnte wurde es augenscheinlich, dass eine Diät reich an Kohlenhydraten nicht für alle gut geht: Fettleibigkeit, Insulin-Resistenz, Diabetes und eine schwindelerregende Zunahme an Herzkreislauferkrankungen sind zu den größten Plagen unserer Zeit geworden. Warum? Eine chronische Überbelastung mit Kohlenhydraten – in erster Linie mit raffinierten, leeren Kohlenhydraten in Teigwaren wie Brot, Nudeln oder Reis, in Süßigkeiten oder Chips – verursacht mit der Zeit eine Überproduktion von Insulin mit vielen verheerenden Folgen.

Wie abhängig die Menschheit aber von Kohlenhydratprodukten geworden ist, zeigt, dass 75 Prozent der weltweiten Getreideproduktion auf Weizen, Mais und Reis entfallen.

Es geht nicht darum, einen Therapieplan zu befolgen, der sich auf das Zählen von Kalorien stützt. Es geht darum, sich natürlich zu ernähren. Das heißt nicht, zu leben wie in der Steinzeit. Auch wenn sich diese Ernährungsweise auf Nahrungsmittel stützt, die unsere Entwicklungsgeschichte über Jahrtausende begleitet haben: Fisch, Fleisch, Eier, Gemüse, Knollenfrüchte, Nüsse, Früchte und Fett. Jawohl, Fett. Diese Art sich zu ernähren, ist einfach und basiert auf Studien, die über die Menschen im Paläolithikum durchgeführt worden sind. Es scheint, dass der Mensch die letzte Entwicklungsanpassung vor rund 50.000 Jahren durchgemacht hat: Seither hat sich am Genmaterial nichts Grundlegendes mehr geändert. Das heißt, unsere Gene sind dieselben wie die unserer Vorfahren. Sich also zu ernähren wie unsere Vorfahren in der Steinzeit, kommt unserem heutigen Körper immer noch am meisten entgegen.

Natürlich: Manch einer mag jetzt einwerfen, dass unsere Vorfahren vor Zigtausenden von Jahren nicht alt geworden sind. Stimmt, aber wir dürfen Ötzi nicht mit den präagrikulturellen Individuen verwechseln: Ötzi ist ca. 5000 Jahre alt, er lebte in der Zeit nach der Einführung der Landwirtschaft, hatte Osteoporose, Karies und eine Reihe von Knochenbrüchen – und er war klein. Die viel früheren präagrikulturellen Menschen (Homo erectus) waren größer, muskulös und wurden bis zu 78 Jahre alt, wenn sie nicht von Raubtieren zerfleischt wurden oder auf andere unnatürliche Weise ums Leben kamen.

Die Fettleibigkeit gibt es – so wie etwa Robert Lustig, der US-amerikanische Kinderarzt und Experte für Übergewicht und Fettleibigkeit, sagt –, seit es Menschen gibt. Aber sie kam immer sehr selten vor. Warum? Der Naturforscher Charles Darwin erklärte, dass die maßlose Zunahme der Fettleibigkeit das Ergebnis des Ungleichgewichtes zwischen unserer Umwelt und unserer Biochemie ist. Mit unserem Lebensstil und unseren Essensgewohnheiten haben wir künstliche Nahrung geschaffen, die Kohlenhydrate und Fett enthält. Die Ernährung der Steinzeitmenschen, die unter anderem auch aus Fisch und Fleisch (inklusive Fett) bestand, wurde vor rund 10.000 Jahren durch eine Ernährung ersetzt, die vorwiegend auf Getreide basiert – mit den bekannten weltweiten Folgen: Die Menschen wurden immer kleiner, die Kindersterblichkeit hat zu-, die Lebenserwartung abgenommen und die Infektionskrankheiten wurden immer mehr.

Der abnormale Konsum von Getreide, Zucker und industriell hergestellten Fetten – in erster Linie chemisch veränderte, hydrierte, pflanzliche Fette, sogenannte Transfette – hat zu einer Reihe von Krankheiten geführt, die unsere Gesellschaft plagen:

- Herzkreislauferkrankungen
- Autoimmunkrankheiten
- Zöliakie
- Fettleibigkeit
- Tumore
- Alzheimer
- Depression
- Diabetes mellitus
- Multiple Sklerose
- Osteoporose
- Arthrose
- Karies

Wir leben in einer High-Tech-Welt mit den Genen eines Steinzeit-Menschen!

Wie viele Kalorien darf ich zu mir nehmen?

Nie ist zu wenig, was genügt.

Seneca

Kalorien interessieren uns nicht!
Was wurde uns in den vergangenen 30 bis 40 Jahren gesagt? Wir sollen einen Ausgleich finden zwischen Kalorien, die wir zu uns nehmen und Kalorien, die wir durch Bewegung und Sport verbrauchen, und dabei möglichst wenig Fett und möglichst viel Getreide essen.
Wohin hat uns das geführt? Zum weltweiten Problem der Fettleibigkeit.
Das Kalkulieren mit Kalorien ist komplett sinnlos: Wenn wir uns so ernähren, wie wir in diesem Buch lesen, dann müssen wir keine Lebensmittel wiegen oder Kalorien zusammenrechnen. Das ist meines Erachtens der falsche Ansatz und beeinflusst unsere Ernährungsweise.
Es sind nicht allein die Kalorien, die dick und fett machen.
Wichtig ist, dass wir uns bewusst werden, was wir essen und verstehen, was uns gut tut und was dem Körper schadet und er nicht akzeptiert. Wir können lernen, uns natürlich und gesund zu ernähren – auch in der heutigen modernen Zeit.

Wie groß dürfen meine Portionen sein? Kurzum: Wie viel darf ich essen?

Der Körper ist ein Tempel.
Wir müssen ihn pflegen und respektieren.

HIPPOKRATES

Essen Sie, wenn Sie hungrig sind; hören Sie auf, wenn Sie satt sind. Eigentlich einfach, oder? Lernen Sie, auf Ihren Körper zu hören. Essen Sie nicht über Ihren Hunger. Eine kohlenhydratarme Ernährung mit ausreichender Fett- und Eiweißzufuhr hat den natürlichen Effekt, dass sie den Hunger reduziert und unangenehme Hungerattacken erst gar nicht aufkommen lässt. Sie müssen nicht alles essen, was auf dem Teller ist, nur weil es dort ist. Hören Sie auf Ihren Körper und stehen Sie auf, wenn Sie satt sind.

Sie müssen keine Kalorien zählen.
Es geschieht dann ganz von selbst, dass Sie, wenn Sie keinen Hunger haben, auch wenn es gerade Essenszeit ist, nicht essen müssen, nur weil die rigiden sozialen Vorschriften das verlangen.
Denken Sie an die Kinder: Sie sind noch nicht verzogen von sterilen sozialen Vorschriften: Auch wenn sie ihr Lieblingsessen vor sich haben, hören die meisten von ihnen auf zu essen, wenn sie satt sind. Können wir dasselbe auch von uns sagen?

Was sind Kohlenhydrate?

Der Mensch lebt nicht vom Brot allein.

MATTHÄUS 4,4

Die Kohlenhydrate – auch Glucose genannt (vom Griechischen *glucos*, was „süß" bedeutet) – sind Substanzen, die aus Kohlenstoff und Wasser bestehen. Entsprechend der Anzahl ihrer Zuckerbausteine werden

Kohlenhydrate in Monosaccharide (Einfachzucker), Disaccharide (Zweifachzucker) und Polysaccharide (Mehrfachzucker) unterteilt – vereinfacht auch in Einfach- und Mehrfachzucker. Einfache Kohlenhydrate sind im normalen Zucker und im Honig enthalten, Mehrfachzucker zum Beispiel in Kartoffeln, Brot oder Getreide. Die Kartoffeln etwa enthalten Stärke, die aus langen Ketten mit Tausenden Einfachzuckern besteht.
Einfach ausgedrückt: Wer Kohlenhydrate isst, isst Zucker. Unser Verdauungsapparat spaltet die Kohlenhydrate in Einfachzucker auf, der dann ins Blut aufgenommen wird.

Kohlenhydrate sind keine essentiellen Makronährstoffe, das heißt, sie können in unserem Körper – genauer gesagt in der Leber – produziert werden.

Die wichtigsten Monosaccharide sind Glukose (Traubenzucker; den Glukosespiegel im Blut nennt man Blutzucker), Fruktose (Fruchtzucker) und Galaktose (im Milchzucker).
Die Disaccharide – zum Beispiel Saccharose (Rübenzucker) und Laktose (Milchzucker) – werden aus Glukose und einem weiteren Monosaccharid gebildet. Unser normaler Haushaltszucker zum Beispiel setzt sich aus Glukose und Fruktose zusammen, die Laktose (Milchzucker) aus Glukose und Galaktose.
Die Polysaccharide sind komplexe Kohlenhydrate (mit bis zu mehreren Tausend Zuckerbausteinen). Pflanzlichen Ursprungs ist zum Beispiel die Stärke, tierischen Ursprungs zum Beispiel Glykogen. Im Körper sind 350 bis 500 Gramm Kohlenhydrate gespeichert, meist in Form von Glykogen: 250 bis 400 Gramm in den Muskeln und 80 bis 100 Gramm in der Leber. Weniger als ein Prozent der Kohlenhydrate – zwei bis fünf Gramm – sind im Blut in Form von Glukose gespeichert.

Wenn ich kein Getreide mehr esse, fehlen mir dann nicht die Ballaststoffe?

Nein, nicht wenn Sie genügend Obst und Gemüse essen! Raffiniertes Getreide enthält vier Mal weniger Ballaststoffe als Vollkorngetreide, das seinerseits sehr viel weniger Ballaststoffe enthält als frisches Gemüse und Obst. Zudem sind Ballaststoffe aus Obst und Gemüse wasserlöslich und haben eine cholesterinsenkende Wirkung, während die Ballaststoffe aus Vollkornprodukten nicht wasserlöslich sind – mit Ausnahme des Hafers.

Sind Vollkornprodukte besser?

Körner sind für die Vögel.
LOREN CORDAIN

Die traditionelle Ernährungslehre stellt die Kohlenhydrate in Form von Getreide nach Wasser an die Basis der Ernährungspyramide, vor Obst und Gemüse und weit vor Eiweiß und Fett.
50 bis 60 Prozent der typischen westlichen Diäten bestehen aus Kohlenhydraten. Unsere Vorfahren hingegen nahmen höchstens 22 bis 40 Prozent ihrer Nahrung in Form von Kohlenhydraten zu sich – ausschließlich aus Obst, Gemüse und evtl. Knollenfrüchten. Wer Obst und Gemüse, das keine Stärke enthält, isst, erreicht kaum 35 Prozent Kohlenhydratanteil. In 100 Gramm Obst sind maximal 13 Prozent Kohlenhydrate enthalten, in 100 Gramm Gemüse vier Prozent, praktisch null Prozent im Fleisch und im Fisch. Im Gegensatz dazu enthalten 100 Gramm Vollkornprodukte 72 Prozent Kohlenhydrate.

Die raffinierten Kohlenhydrate, etwa weißes Mehl oder weißer Reis, sind frei von Vitaminen, Ballaststoffen und Mineralstoffen. Sind Vollkornprodukte also besser? Nicht wirklich. Der US-amerikanische Ernährungsexperte Loren Cordain hat in einer Studie – publiziert im Jahre 2005 im „American Journal of Clinical Nutrition“ – erhoben, dass in Vollkornprodukten viel weniger Vitamin B12, B3, B2, B1, C, B6, A, Magnesium, Kalzium, Zink, Phosphor, Eisen und Folsäure enthalten sind als in anderen Makronährstoffen.

Getestet wurden sieben Nahrungsmittelgruppen, unterteilt in 18 Arten von Gemüse, 20 von Fisch, vier von Fleisch, 20 von Obst, Vollmilch, acht Getreidearten (Vollwertweizen, Maismehl, Vollkornreis, Gerste, Hafer, Hirse), zehn Arten von Nüssen und Samen. Das Ergebnis: Obst und Gemüse sind die Nahrungsmittel mit den meisten Nährstoffen, gefolgt von Eiern, Fisch, Fleisch und Samen. Vollkornprodukte und Milch folgen auf den letzten Plätzen.
Wer also Kohlenhydrate – raffiniert oder vollwertig – isst, reduziert damit die Zufuhr von Vitaminen, Mineralstoffen und anderen Mikronährstoffen, die man zur Gänze über Gemüse, Fisch, Eier, Fleisch und Obst erhalten würde.

Wo finden wir überall Zucker?

Was die Leute gemeinhin ihr Schicksal nennen, sind meist ihre eigenen Dummheiten.
ARTHUR SCHOPENHAUER

Nicht nur in Süßigkeiten und den bekannten süßen Getränken ist Zucker enthalten, sondern mittlerweile fast in jedem industriell hergestellten Essen. Zucker findet man sogar im Hamburger, in den Würsteln, im Ketchup und Senf, in vielen Brotsorten, in abgepackten Zwischenmahlzeiten, in Keksen – in der Tüte, im Karton oder vorgekocht – überall ist Zucker enthalten. Man sollte es sich deshalb zur Gewohnheit machen, die Zutatenliste zu lesen: Doch nicht immer ist Zucker auch als Zucker deklariert. Glukose, Dextrose, Fruktose, Saccharose, Maltose – auch hinter diesen Begriffen versteckt sich Zucker. Natürlich ist Zucker gemeinsam mit vielen Vitalstoffen wie Ballaststoffen, Vitaminen, Mineralsalzen, Enzymen und sekundären Pflanzenstoffen auch im Obst und in Spuren auch im Gemüse enthalten, aber solange wir die ganze Frucht verzehren und nicht nur Fruchtsäfte, hält sich die aufgenommene Menge in Grenzen.

Zucker ist derzeit weltweit eine der wichtigsten Kalorienquellen. Die Zunahme des Zuckerkonsums in den vergangenen 300 Jahren ist beeindruckend: Um 1700 lag der Zuckerkonsum pro Kopf bei 1,8 Kilogramm im Jahr, um 1800 bereits bei 7 Kilogramm, um 1900 sogar bei 40 Kilogramm, und im Jahre 2009 stieg der Zuckerkonsum pro Kopf in Amerika auf rund 80 Kilogramm im Jahr. In Italien ist die Situation zwar noch nicht so dramatisch, aber wir eifern Amerika brav nach: Bis in die 1970er Jahre konsumierten die Italiener 60 Prozent des Zuckers in Form von Haushaltszucker, 40 Prozent in Form von abgepackten Lebensmitteln. Seither hat sich das Verhältnis umgekehrt: Zucker wird nunmehr vorzugsweise über verarbeitetes Essen aufgenommen. Leider sind wir uns nicht bewusst, wie viel Zucker in Fertigprodukten und Getränken enthalten ist, die vor allem für Kinder und Jugendliche gedacht sind.

Wie können wir uns gegen den versteckten Zucker wehren?

Ich sterbe, dank der Hilfe vieler Ärzte.
ALEXANDER DER GROSSE

Gewöhnen Sie sich daran, die Zutatenlisten zu lesen, zu interpretieren und die Mengen an Ballaststoffen und Kohlenhydraten zu kontrollieren. Der Anteil an Ballaststoffen kann nämlich von der Kohlenhydratmenge abgezogen werden: Enthält ein Lebensmittel also 11 Gramm Kohlenhydrate und sechs Gramm Ballaststoffe, dann beträgt der tatsächliche Kohlenhydratgehalt fünf Gramm.
Zucker kann anderen Geschmack überlagern – oder noch schlimmer –, faden Lebensmitteln Geschmack geben, zum Beispiel sogenannten Lightprodukten, denen der Großteil des Fettes entzogen worden ist.
Die Lebensmittelindustrie hat sich mit diesen Methoden bereichert und denkt deshalb nicht daran, etwas zu ändern. Sie und – ich würde noch hinzufügen – die Pharmaindustrie sind derart mächtig, dass sie sich nicht nur die wissenschaftliche Gesellschaft, sondern auch die wissenschaftlichen Magazine kaufen können, die ihre Ernährungsleitlinien drucken und sogar die sogenannten Experten, welche die Leitlinien erstellen. Sie haben somit die öffentliche Meinung in der Hand und können uns auf diese Weise manipulieren.

Ich empfehle Ihnen deshalb, möglichst frische Lebensmittel zu essen, die Sie am besten selbst zubereiten. Boykottieren Sie vorgekochte und verpackte Nahrungsmittel und bevorzugen Sie echtes Essen, das nicht industriell verarbeitet wurde. Meiden Sie Lebensmittel, die an den ersten fünf Stellen der Zutatenliste Zucker oder Stärke anführen. Und erinnern Sie sich, dass Zucker viele Synonyme hat: Saccharose, Dextrose, Fruktose, Laktose, Maltose, Glukose, Honig, Melasse, Ahornsirup, Rohrzucker, Reissirup, Maissirup, Gerstenmalz, Agavensirup.
All das ist Zucker!
Achten Sie also darauf, den Zuckerkonsum in der Ernährung möglichst einzuschränken!

Was passiert durch den Zucker in unserem Körper?

Zucker ist so gefährlich wie Tabak und unter dem Gesichtspunkt der Weltgesundheit weitaus einflussreicher.
BRITISH MEDICAL JOURNAL, 2005

Die Aufnahme von einfachem Zucker über die Ernährung lässt den Glukosespiegel im Blut (Blutzucker) rapide ansteigen. Ausreichend Glukose ist wichtig, um dem Körper und auch dem Gehirn Energie zu liefern, ein konstant erhöhter Blutzuckerspiegel aber löst eine Reihe von negativen Reaktionen aus, darunter die Zunahme von Insulin und in der Folge die Insulinresistenz.

Was ist Insulin und was sind seine Funktionen?

Alles, was du dir vorstellen kannst, hat die Natur bereits geschaffen.
ALBERT EINSTEIN

Insulin ist ein Hormon, das in der Bauchspeicheldrüse gebildet wird und die Aufgabe hat, den Blutzuckerspiegel zu senken.
Wenn wir Kohlenhydrate, also Zucker, essen, reagiert der Körper darauf, indem er Insulin produziert. Dieser Umstand wird allzu oft von denen ignoriert, die erklären, dass nur die Menge an Nahrungsmitteln ausschlaggebend sei, nicht die Qualität. Wir können aber nicht weiter ignorieren, dass es hauptsächlich die Kohlenhydrate sind, die eine übermäßige Insulinproduktion bewirken, nicht Fette und Eiweiße.

Die Funktionen von Insulin:

1. Es transportiert Glukose aus dem Blut in die Zellen, wo sie als Energiequelle dient. Zur Erinnerung: Glukose ist ein einfacher Zucker, der bei der Spaltung der Kohlenhydrate im Magen und in den Verdauungsorganen entsteht.
2. Glukose wird durch Insulin zum einen in Glykogen umgewandelt, das vor allem in den Leber- und Muskelzellen gespeichert wird, und zum anderen in Fett, das in Form von Triglyzeriden im Fettgewebe gelagert wird.

Essen wir also Kohlenhydrate und Zucker, steigt die Insulinproduktion rapide an, die den Blutzuckerspiegel innerhalb kürzester Zeit wieder sinken lässt – daher die Hungerattacken, die viele Patienten beschreiben. Damit beginnt ein Teufelskreis, der viele Diäterfolge zunichtemacht.

Aber nicht nur das ist das Problem: Wer ständig Kohlenhydrate zu sich nimmt, der verursacht damit einen ständig erhöhten Insulinspiegel, mit der Folge, dass die Zellen mit der Zeit weniger sensibel für das Hormon werden – wir sprechen von Insulinresistenz, der Vorstufe zum Diabetes mellitus. Die chronisch erhöhten Insulinwerte führen zu folgenden negativen Konsequenzen:

- erhöhte Cholesterin- und Triglyzeridproduktion
- Zunahme des Bauchfettes
- eingeschränkte Fettverbrennung
- Zunahme der Harnsäure
- verlangsamte Natrium- und Wasserausscheidung, was den Blutdruck erhöhen kann

Es müsste deshalb augenscheinlich sein, dass Diäten, die den Fettkonsum zugunsten von Kohlenhydraten einschränken, nicht funktionieren können, weil nämlich der überschüssige Zucker in Fett umgewandelt und im Fettgewebe gespeichert wird.

Warum ist zuviel Zucker schädlich für unseren Körper?

Wer nicht das Richtige tut, nachdem er es erkannt hat, dem fehlt der Mut.
KONFUZIUS

„Es sind nicht die übermäßigen Kalorien, die uns fett machen, es ist der Zucker.“: Das sagt einer der größten Fettleibigkeits-Experten, Professor Robert Lustig, Kinderarzt an der Universität in San Francisco. Gegenüber 1985 essen wir acht Prozent mehr Kalorien, während Diabetes um 727 (!) Prozent zugenommen hat. Wir haben unsere Ernährung geändert: Im Gegensatz zu vor 30 Jahren überwiegt nun der Zucker. Seit Beginn der 1980er-Jahre oder seitdem die Wissenschaft damit begonnen hat, unsere Fettaufnahme von 40 auf 30 Prozent zu reduzieren, konnten wir eine erschütternde Zunahme an Fettleibigkeit, des metabolischen Syndroms, an Hepatosteatose (fette Leber), Herzkreislauferkrankungen und Schlaganfall beobachten. Die Ursache dafür sind nicht nur die ungesunden Fette. Auch der Zucker spielt eine Rolle. Damit der Zucker von unserem Körper aufgenommen und verdaut werden kann, raubt er dem Körper Vitamine und Mineralsalze (vor allem Kalzium und Chrom), mit der Konsequenz, dass weniger Kalzium für Zähne und Knochen zur Verfügung steht und sie somit an Härte verlieren. Die Folge sind Knochenkrankheiten (Osteoporose) und Karies. Zucker fördert zudem Gärungsprozesse mit der Produktion von Gas, Blähungen, Durchfall und Störungen der Darmflora mit allen Konsequenzen.
Zucker macht zudem abhängig, und zwar aufgrund seiner Beeinflussung bestimmter Gehirnstrukturen. Studien haben bewiesen, dass Zucker dieselben Areale im Gehirn stimuliert wie Kokain. Zucker bringt uns Glücksmomente, aber auch Momente der

Depression, in denen wir dann wieder nach Zucker gieren, um uns wieder besser zu fühlen. Ein Grund dafür ist, dass Zucker sehr schnell vom Blut aufgenommen wird.
Wie wir gehört haben, produziert die Bauchspeicheldrüse vermehrt Insulin, um den Blutzuckerspiegel wieder zu senken. Diese Berg- und Talfahrt verursacht Schwäche, Erschöpfung und die Gier nach neuem Zucker, um sich wieder besser zu fühlen. Die Folgen dieser Berg- und Talfahrten sind die Produktion neuer Hormone, die den Blutzuckerspiegel wieder erhöhen, zum Beispiel das Adrenalin. All diese Ergebnisse stammen von Studien aus Amerika, durchgeführt an Kindern, deren Aggressivität mit ihrer Ernährung, die raffinierten Zucker enthielt, in Verbindung gebracht wurde.

Die Gefahren von zu viel Zucker sind bewiesen:

- Schwächung der Immunabwehr: Die gefährlichen Krankheiten, die die Menschheit plagen, sind Tumore, Krebs, Diabetes, Aids usw. Sie sind gerade aufgrund der geschwächten Immunabwehr entstanden, zu der Zucker und raffinierte Nahrungsmittel beigetragen haben.
- Verschleiß von Vitamin B, das für einen ausgewogenen Erregungszustand und für unser Nervensystem wichtig ist.
- Verschlechterung von Asthma
- Übersäuerung des Körpers
- Verschlechterung der Herzkreislauferkrankungen, von Diabetes, Gallensteinen, Bluthochdruck, Arthritis, Akne

Eine der Ursachen vieler Zivilisationskrankheiten ist der zu hohe Zuckerkonsum durch die Ernährung.

Erstaunlich ist auch eine Studie des englischen Psychiaters Malcolm Peet, der einen starken Zusammenhang zwischen erhöhtem Zuckerkonsum und psychischen Krankheiten wie Depression oder Schizophrenie festgestellt hat.
Craig Thompson, Präsident des Memorial Sloan-Kettering Cancer Center in New York, ist überzeugt, dass „viele Zellen im Vor-Krebsstadium durch Mutationen in Krebszellen verwandelt werden, die sich unter Mitwirkung von Insulin, immer mehr Zucker aus dem Blut für ihr Wachstum holen“.

Ist Fruktose besser?

Der wahre Fehler ist,
ihn nicht zu korrigieren,
wenn man ihn entdeckt hat.

ANONYM

Fruktose ist genauso schädlich wie der klassische Zucker.
Die einzige Form von Fruktose, die nicht schädlich ist, ist jene die wir mit dem Obstverzehr einnehmen, nicht aber die chemisch erzeugte und den verschiedensten Produkten beigemengte Fruktose.
Vor der industriellen Herstellung unseres Essens kam der Hauptanteil von Fruktose in unserer Nahrung vom Obst und vom Gemüse. Heute finden wir Fruktose in unserem täglichen Leben im Tafelzucker, in der sogenannten Saccharose, die aus einem Glukosemolekül und einem Molekül Fruktose gebildet wird.
Leider gelangt Fruktose auch auf vielen anderen Wegen zu uns, etwa als Fruktosesirup, gewonnen aus so gut wie immer genmanipuliertem Mais, bekannt auch als HFCS (High Fructose Corn Syrup). Dieser Sirup

wird für die Herstellung von kohlenhydrathaltigen Getränken, Obstsäften und vielen industriellen Produkten, auch Diät-Produkten, verwendet. Seit 1984 wird HFCS als Hauptsüßungsmittel für alkoholfreie Getränke verwendet. Warum? Aus wirtschaftlichen Gründen. Saccharose wird aus Zuckerrohr gewonnen, der an Fruktose reiche Maissirup aus Mais. Vor allem in den USA ist der Preis für Zuckerrohr sehr viel höher als jener für Mais, der im Zuge der Futtermittelherstellung weiterverarbeitet wird.
Robert Lustig hat eine ausgezeichnete Arbeit über den Stoffwechsel des Zuckers geschrieben und hat das Unheil aufgezeigt, das durch den übermäßigen Fruktosekonsum und damit des Zuckerkonsums entsteht:

- Zunahme der Harnsäure, die mit der Fettleibigkeit eng zusammenhängt, weiters mit erhöhtem Blutdruck, Herzkreislauferkrankungen, Nierenerkrankungen.
- Belastung der Leber (Auftreten von Hepatosteatose, also fette Leber) mit ähnlichen Folgen wie Alkoholmissbrauch
- Das Hunger-Sattheits-System gerät ins Ungleichgewicht: Das „Hunger-Hormon" Ghrelin bleibt hoch, das „Sattheits-Hormon" Leptin erhöht sich nicht mehr. In der Folge nimmt man zu viel Nahrung zu sich.
- Zunahme der Fettleibigkeit, wobei sich das Fett vor allem um die Taille und um die inneren Organe (sog. viszerales Fett) ansetzt, einem wichtigen Risikofaktor für Herzkreislauferkrankungen.

Denkt daran: In den USA ist Fruktose die erste Ursache für Fettleibigkeit.

Ist an der Fettleibigkeit nicht zu viel Fett Schuld?

Und wenn es sich nur um eine große, fette Lüge handelt?

GARY TAUBES

Die Behauptung, dass Fette verantwortlich sind für die Krankheiten und die Fettleibigkeit unserer Zeit ist das größte Ammenmärchen der modernen Diät. Die Dämonisierung aller Fette in unserer Ernährung ist ein falscher Mythos.
Es ist wichtig, zwischen den schädlichen Fetten und jenen, die uns gut tun, zu unterscheiden. Der Großteil der Krankheiten, die den Fetten angelastet werden, entstehen nicht durch das tierische Fett, sondern durch die chemisch-industriellen Verarbeitungsprozesse, denen das billige pflanzliche Fett unterworfen wurde, um es den tierischen Fetten in Form, Haltbarkeit und Geschmack anzugleichen.
Trotzdem propagieren viele Ernährungsgesellschaften weiterhin die Reduzierung von gesättigten tierischen Fetten und die Erhöhung von Kohlenhydraten.

Es gibt keine randomisierten doppelblinden Studien, die einen Zusammenhang erheben konnten zwischen fettarmer Diät mit infolge niedrigerem Cholesterinspiegel und dadurch einem geringeren Risiko für Herzkreislauferkrankungen. Und trotzdem hat in den vergangenen Jahren eine Dämonisierung der tierischen Fette stattgefunden, die zu einer regelrechten Phobie vor diesem Makronährstoff geführt hat. Dabei hat gerade die Propagierung einer fettarmen, dafür aber kohlenhydratreichen Ernährung zu einer Fettleibigkeit epidemischen Ausmaßes geführt. Wohl die meisten von uns sind es gewohnt, in den Supermärkten nach Lightprodukten Ausschau zu halten, die mit wenig Fett werben, dafür aber viel Zucker enthalten, das wiederum in Fett umgewandelt wird – jenes Fett, das Lightprodukte nicht haben wollen. Das ist ein schlechter Scherz für unsere Gesundheit. Diäten mit wenig Fett führen zu Wachstumsstörungen bei Kindern, zu trockener Haut, Energiemangel, zu hohen Cholesterin- und Trigylzeridwerten, zur Schwächung des Immunsystems, zu häufigerem Auftreten von Allergien, verringerter Testosteron-Produktion und zu einer Reihe von weiteren Gesundheitsproblemen.

Mit den derzeitigen wissenschaftlichen Erkenntnissen müssen wir jene Fette als schädlich für die Gesundheit deklarieren, die raffiniert, unnatürlich, durch chemische Prozesse gewonnen werden, welche ihre Struktur verändern und sie somit giftig machen. Optimal hingegen ist eine ausgewogene Aufnahme von verschiedenen Fettsäuren, eben auch von gesättigten Fetten tierischer oder pflanzlicher Herkunft.

Wie ist es zu erklären, dass Bevölkerungsgruppen, die viel Fett zu sich nehmen, kaum an Herzkreislauferkrankungen sterben?

Die Wahrheit erscheint nie richtig.
GEORGES SIMENON

Viele Studien über verschiedene Bevölkerungsgruppen haben Informationen zutage gebracht, die einige sogenannte Ernährungsexperten in Verlegenheit gebracht haben. Im Norden Indiens isst man 17 Mal mehr tierische Fette als im Süden, Herzkreislauferkrankungen treten aber im Süden sieben Mal häufiger auf als im Norden. Die Massai in Afrika ernähren sich vorzugsweise nur von Milch, Fleisch und Rindsblut. Sie haben keine Herzkreislauferkrankungen, und ihr Cholesterinspiegel ist perfekt. Die Eskimos essen enorme Mengen an tierischem Fett. Solange sie mit dieser Ernährungsweise fortfahren, werden sie frei von Krankheiten bleiben und zudem einen erstaunlich guten und leistungsfähigen Allgemeinzustand aufweisen. Viele mediterrane Völker leiden kaum unter Herzkreislauferkrankungen, während ihre Kalorienzufuhr bis zu 70 Prozent aus Fett besteht, Fett aus Lammfleisch und Produkten aus Schafmilch. Deshalb waren die Bewohner Kretas für ihre gute Gesundheit und ihr langes Leben bekannt.

Auf der Insel Okinawa in Japan, wo die meisten Hundertjährigen der Welt leben, ist der Herzinfarkt so gut wie unbekannt: Die Bewohner essen große Mengen Schweinefleisch, fetten Fisch und kochen mit Fischfett.

Diese Studien werden von jenen, die eine fettarme Ernährung propagieren, niemals erwähnt.

Welche Bedeutung hat Fett?

Es ist leichter, ein Atom zu zertrümmern, als ein Vorurteil.
Albert Einstein

Das Fett hat zahlreiche sehr wichtige Funktionen in unserem Körper. Es ist Energielieferant, Wegbereiter der Hormone, hat strukturelle Funktionen und wenn nötig, kann es auch in Glukose umgewandelt werden, um als Energiequelle für die roten Blutkörperchen und das zentrale Nervensystem zu dienen.
Fett ist der größte Energiespeicher und liefert die meiste Energie für unsere Zellen. Das Herz zum Beispiel nutzt vor allem Fettsäuren und ihre Abbauprodukte als Energiequelle. Die Fette bilden den größten Teil unserer Zellmembran.

Wir unterscheiden gesättigte und ungesättigte Fette. Die begriffliche Unterscheidung fußt auf der Anzahl der Wasserstoffatome, die im Fett enthalten sind: Ungesättigte Fette haben weniger Wasserstoffatome als gesättigte Fette, dafür aber mehr Doppelbindungen zwischen Kohlenstoffatomen.
Die Folge der mangelnden Wasserstoffatome und der deswegen höheren Reaktionsfähigkeit der ungesättigten Fette gegenüber den gesättigten Fetten ist, dass sie chemisch instabiler sind und anfällig für die Oxidation.
Die Wissenschaft, die unzählige Daten über Antioxidantien erhoben hat, scheint aus den Augen verloren zu haben, dass gesättigte Fette keine sekundären Moleküle, wie eben Antioxidantien, benötigen, um die negative Wirkung der Oxidation zu vermindern, im Gegensatz zu mehrfach ungesättigten Fetten.
Die Dämonisierung der Fette betrifft nämlich in erster Linie die stabilen gesättigten Fette.

Es wird ständig vor zu viel Cholesterin gewarnt. Ist es tatsächlich schädlich?

Die Diät-Herzkrankheiten-Hypothese wurde schon mehrmals als falsch entlarvt, und trotzdem wird diese Hypothese aufgrund komplexer Motivationen wie Stolz, Einbildung, Gewinnsucht und Vorurteilen weiterhin von Wissenschaftlern, Lebensmittelkonzernen und sogar Behörden vorangetrieben. Die Öffentlichkeit wird durch den größten Gesundheitsschwindel dieses Jahrhunderts betrogen.

George Mann

Cholesterin ist überlebenswichtig! Wie viele von Ihnen haben Angst vor einem erhöhten Cholesterinspiegel? Wie viele von Ihnen haben Statine verschrieben bekommen, Medikamente, die den Cholesterinspiegel senken, nur weil sie etwas erhöhte Werte haben?

Bedenken Sie, dass die Pharmaindustrie aus dem Verkauf von Statinen jährlich bis zu 32 Milliarden Dollar einnimmt. Den Rest können Sie sich selbst vorstellen.
Sprechen wir lieber von den guten Seiten des Cholesterins:
Viele denken, dass Cholesterin das Fett im Blut ist. Vielmehr ist richtig, dass sich nur sieben Prozent des Cholesterins im Blut befinden. Cholesterin ist kein Fett, sondern ein polyzyklischer Alkohol, von perlfarbenem Aussehen, mit seifiger Konsistenz.

- 93 Prozent des Cholesterins finden wir in den Zellen unseres Körpers, es gibt ihnen Struktur und regelt die Nährstoffzufuhr und den Abfallabtransport.
- Das Cholesterin ist der Grundbaustein für viele Hormone wie Cortisol, Aldosteron, Östrogene, Testosteron, Progesteron.
- Es ist Ausgangssubstanz für die Synthese von Vitamin D in unserer Haut, von enormer Wichtigkeit für unsere Knochengesundheit, für das Nervensystem, für den Mineralstoffwechsel, für den Muskelaufbau, für die Erholung des Immunsystems, um nur einige wichtige Funktionen von Vitamin D zu nennen.
- Aus Cholesterin werden unsere Gallensäuren gebildet, die wiederum wichtig sind für die Verdauung und damit für die Aufnahme der Fette aus der Nahrung, insbesondere auch für die Aufnahme der lebensnotwendigen fettlöslichen Vitamine A, D, E und K.

- Das Cholesterin ist sehr wichtig für ein normales Wachstum und eine normale Entwicklung des Gehirns und des Nervensystems. Denkt daran, dass die Muttermilch reich an Cholesterin ist (sie enthält doppelt so viel Cholesterin wie Kuhmilch), eben aufgrund seiner großen Bedeutung für die Gehirnentwicklung.
- Das Cholesterin ist wichtig für das Wachstum und die Regenerierung des Gewebes, zumal jede Membran und jede Zelle reich an Cholesterin ist.
- Auch das Schwitzen, die Transpiration, ist sehr vom Cholesterin abhängig.
- Neue Erkenntnisse zeigen, dass Cholesterin wie ein Antioxidans wirkt: Deshalb nimmt es auch mit dem Alter zu. Es schützt vor Schäden der freien Radikale und schützt vor Herzkreislauferkrankungen und Tumoren.

Vor diesem Hintergrund wird man Cholesterin wohl nicht mehr nur als gesundheitsschädlich und gefährlich ansehen. Ohne Cholesterin wären wir Infektionen und verschiedensten Krankheiten ausgesetzt. Tatsächlich: Schwerkranke, etwa Krebspatienten oder Patienten, die an Arthritis leiden, haben oft einen sehr niedrigen Cholesterinspiegel.

Aber woher kommt das Cholesterin? Auch wenn ein Teil des Cholesterins in der Tat aus der Ernährung kommt, den größten Teil – über 80 Prozent – produzieren wir selbst: Jede Zelle unseres Körpers ist imstande, Cholesterin selbst zu produzieren. Viele Zellen nutzen aber das Cholesterin, das in der Leber, im Darm und in der Haut gebildet wird. Das meiste Cholesterin wird dabei in der Leber gebildet.

Der Körper verfügt über ein ausgezeichnetes Regulierungssystem: Wenn wir mit der Nahrung mehr Cholesterin aufnehmen, dann fährt die Cholesterinproduktion in der Leber automatisch zurück, wenn wir mit der Nahrung wenig Cholesterin zu uns nehmen, dann produziert die Leber mehr davon.
Das ist auch die Erklärung, warum sich der Cholesterinspiegel kaum verändert, auch wenn wir deutlich mehr oder deutlich weniger Cholesterin über die Nahrung zu uns nehmen.
Wer also erhöhte Cholesterinwerte hat, der löst sein Problem nicht damit, dass er weniger davon zu sich nimmt: Die Cholesterinaufnahme durch die Nahrung beeinflusst Ihre Blutwerte nur zu zehn bis maximal 15 Prozent.

Welches Öl empfehlen Sie zum Kochen?

Das Wissen ist das Kind der Erfahrung.
LEONARDO DA VINCI

Ich empfehle unraffiniertes Öl, weil es nicht durch chemische Prozesse gewonnen wird. Durch die Raffination gehen wichtige Nährstoffe verloren und Substanzen werden frei, die für unsere Gesundheit sehr gefährlich sind.
Im unbehandelten, kalt gepressten, nicht durch chemische Prozesse gewonnenen Öl befinden sich etwa zwei Prozent mehr jener Stoffe, die unserer Gesundheit gut tun und die durch die Verarbeitung verloren gehen.
Deren Eigenschaften wären:

- Reduzierung des Cholesterins und dessen Aufnahme über die Nahrung
- Verbesserung der Herzkreislauffunktionen
- Anti-Krebs-Eigenschaften
- verbesserte Verdauung und Stimulation der Produktion von Enzymen in der Bauchspeicheldrüse
- verbesserte Funktion von Leber, Gallenblase und Gallenfluss
- Anti-Oxidations-Effekt und Stabilisator der essenziellen Fettsäuren
- entzündungshemmende Wirkung
- Erhaltung des Sehvermögens
- Erhöhung der Hirnfunktion

Am besten zum Kochen geeignet sind Öle mit hohem Anteil an gesättigten Fettsäuren, weil sie beständiger gegenüber Hitze sind, weniger gut sind Öle mit mehrfach ungesättigten Fettsäuren, sie sind vor allem beim Frittieren zu meiden.
Ich empfehle:

- Kokosöl (gesättigtes pflanzliches Fett) – zum Braten und Frittieren geeignet
- Butter (gesättigtes tierisches Fett) – zum Braten und Frittieren geeignet
- Schmalz – zum Braten und Frittieren geeignet
- nicht raffiniertes Palmöl (gesättigtes pflanzliches Fett) – zum Braten und Frittieren geeignet
- Olivenöl (einfach ungesättigtes pflanzliches Fett) – zum Braten und Frittieren bedingt geeignet, nur wenn es nicht so stark erhitzt wird, dass es raucht
- Leinöl (mehrfach ungesättigtes pflanzliches Fett) – nur für die kalte Küche
- Macadamia-Nussöl – nur für die kalte Küche
- Nussöl – nur für die kalte Küche
- Sesamöl – nur für die kalte Küche
- Hanföl (richtige Mischung Omega-3/Omega-6 und Vitamin E) – nur für die kalte Küche
- Avocadoöl – nur für die kalte Küche

Welches Fett und Öl sollte man besser meiden?

Zu meiden sind jene Fette und Öle, die hydrogeniert oder teilweise hydrogeniert wurden, die raffiniert wurden oder aus Hülsenfrüchten oder Getreide gewonnen wurden. Sie alle sind nährstoffarm und schädlich für die Gesundheit. Zu meiden oder wenn unverzichtbar, nur in geringen Mengen und nur kalt zu verwenden, sind:

- Erdnussöl
- Sonnenblumenöl (außer hoch oleinsäurehaltiges)
- Distelöl (außer hoch oleinhaltiges)
- Maisöl

Sonnenblumenkerne sind in Ordnung, nicht aber das übliche Sonnenblumenöl, das übermäßig viele Omega-6-Fettsäuren enthält, und damit das Verhältnis Omega-3/Omega-6 umkehrt, mit der Folge einer Zunahme der Entzündungen. Ganz allgemein: Verwenden Sie nur wenig von den mehrfach ungesättigten pflanzlichen Omega-6-reichen Ölen und wenn, dann nur kalt.

Ist Margarine besser?

Gesundheit ist die erste Pflicht im Leben.

Oscar Wilde

Absolut nein! Um Margarine herzustellen, werden meist mehrfach ungesättigte pflanzliche Omega-6-reiche Flüssigöle von geringerer Qualität verwendet, die hydrogeniert und hohen Temperaturen ausgesetzt werden. Wasserstoffmoleküle werden in die mehrfach ungesättigten Fettsäuren eingebracht, um die Anzahl ihrer Doppelbindungen zu verringern und damit ihre chemische Struktur zu verändern. Alles zusammen wird in einem Nickel-Katalysator auf 250 bis 350 Grad Celsius erhitzt, mit der Folge, dass sich die sogenannten Transfettsäuren bilden, die hochgradig ungesund sind. Dieses chemische Verfahren, das am Anfang des vergangenen Jahrhunderts entwickelt wurde, lässt die instabilen, mehrfach ungesättigten Fettsäuren beständiger werden, was die Haltbarkeit deutlich verlängert – und das ist freilich für die Lebensmittelindustrie von Interesse.

Warum sind Transfette und hydrogenierte Fette gefährlich?

Jede andere Wissenschaft ist schädlich für denjenigen, dem die Wissenschaft der Güte fehlt.

Francois des Rues

Die Transfettsäuren werden oft auch Killerfett genannt, sie können praktisch überall enthalten sein: von Fertigsuppen über Kekse bis zur panierten Hühnerbrust. Transfettsäuren entstehen bei der industriellen Härtung von Fetten: Dabei werden pflanzliche Öle durch diesen Prozess in feste, streichfähige Produkte umgewandelt. Transfette können sich auch dann bilden, wenn man mehrfach ungesättigte pflanzliche Öle stark erhitzt, zum Beispiel beim Frittieren oder Braten. Natürliche Transfette eines besonderen Typs kommen außerdem seit jeher zu einem geringen Prozentsatz in Milch und Rinderfett vor, unser Organismus ist deswegen mit diesem Typ vertraut und kann ihn dadurch problemlos verstoffwechseln. Transfettsäuren zählen zu der Familie der ungesättigten Fettsäuren: Sie haben aber eine ganz bestimmte chemische Struktur mit einer besonderen räumlichen Anordnung der Moleküle. Dies wirkt sich auf die Eigenschaften und die gesundheitlichen Effekte aus – und das ist der Grund, warum den ungesättigten Fettsäuren im Allgemeinen positive Eigenschaften zugeschrieben werden und Transfettsäuren negative.

Ihre chemische Struktur gleicht bei Körpertemperatur derjenigen von gesättigten Fetten, weshalb sie unser Körper nicht sofort als schädlich erkennt und folglich:

- werden sie in die Zellmembranen integriert, wo sie hart und unflexibel werden und die Durchlässigkeit verändern
- beeinflussen sie den Stoffwechsel der essenziellen Omega-3-Fettsäuren, indem sie diese daran hindern, sich in wichtige Gewebshormone umzuwandeln
- senken sie das „gute“ HDL-Cholesterin und erhöhen das „schlechte“ LDL-Cholesterin
- schmälern sie den biologischen Wert der Muttermilch
- verursachen sie bei Neugeborenen ein geringeres Geburtsgewicht
- erhöhen sie die Insulinproduktion aufgrund des durch sie erhöhten Blutzuckerspiegels
- verringern sie den Testosteronspiegel
- erhöhen sie die Bildung von Lipozyten (Zellen für die Fettspeicherung)
- erhöhen sie die Produktion von freien Radikalen

Je mehr und je länger Sie Transfette zu sich nehmen, umso höher ist Ihr Risiko für Herzkreislauferkrankungen, Krebskrankheiten, schwaches Immunsystem. Mehrere Studien wurden durchgeführt: Das Ergebnis einer Vergleichsstudie zeigte, dass bei einer Einnahmedauer zwischen 6 und 14 Jahren das Risiko für eine Herzkreislauferkrankung von 36 Prozent auf über 98 Prozent steigt.

Wie können wir uns vor Transfetten und vor hydrogenierten Fetten schützen?

Das Leben heißt nicht nur leben, sondern leben in guter Gesundheit.
MARZIALE

Leider geben auch die Etiketten der Lebensmittel nicht immer Aufschluss über Transfette, außerdem kann der Gehalt an Transfetten von einem Markenprodukt im Vergleich zum Produkt einer anderen Marke sehr unterschiedlich sein. Deshalb ist es schwierig, sich beim Einkauf davor zu schützen.

- Zunächst ist es ratsam, Produkte, die Margarine oder Fette und Öle enthalten, die auch nur teilweise hydriert wurden, zu meiden. Passen Sie auf bei Keksen, Croissant, Toastbrot, Crackers, Fertigsoßen, Blätterteigprodukten, tiefgefrorenen panierten Produkten, Pommes, Süßigkeiten, süßen Snacks, Eis, industriellen Konditoreiwaren, Schokoladenaufstrichen, gefrorenen oder gefriergetrockneten Produkten.
- Wenn auf der Packung „Enthält keine Transfettsäuren" steht, dann können wir sicher sein, dass das Produkt auch keine enthält.
- Absolut zu meiden sind frittierte Waren in Fast-Food-Restaurants oder Imbissstuben: Hier werden zumeist billige, pflanzliche Omega-6-reiche Öle stundenlang überhitzt und dadurch Transfette und freie Radikale in Unmengen produziert.
- Wenn Sie zu Hause frittieren, dann verwenden Sie das benutzte Öl kein zweites Mal.
- Meiden Sie feste Margarinen. Besser ist, wenn verwendete Fette die Aufschrift „nicht hydrogeniert" oder „ohne Transfettsäuren" oder „nicht verestert" tragen.
- Bevorzugen Sie natürliche Öle, wie kaltgepresstes *(extravergine)* Olivenöl.

Ist Leinöl zu empfehlen?

Öl aus den Leinsamen ist zum Kochen nicht geeignet, weil es vorwiegend instabile mehrfach ungesättigte Fettsäuren enthält, die beim Erhitzen leicht oxidieren und damit zerstört werden. Deshalb sollte man es nur für die kalte Küche, etwa für Salate, verwenden. Leinöl soll man dunkel und kühl lagern und innerhalb von sechs Monaten aufbrauchen. Leinöl ist reich an mehrfach ungesättigten Fettsäuren vom Typ Omega-3.

Was bedeutet Omega-3 und Omega-6?

Die Menschen diskutieren, die Natur agiert.

VOLTAIRE

Omega-3 und Omega-6 sind essenzielle Fettsäuren. Das bedeutet, dass unser Körper nicht imstande ist, sie selbst zu produzieren, weshalb die Zufuhr über die Nahrung absolut notwendig ist. Essenziell ist dabei vor allem die Aufnahme ihrer „Vorgänger“, also zum Beispiel die Linolsäure, welche die Vorstufe für Omega-6-Fettsäuren ist, und die α-Linolensäure, die die Vorstufe für Omega-3-Fettsäuren ist. Gemeinhin meint man mit Omega-3-Fettsäuren α-Linolensäure, Eicosapentaensäure (EPA) und Docosahexaensäure (DHA) und mit Omega-6-Fettsäuren Linolsäure und die Arachidonsäure. Ein Problem der modernen Ernährung ist das Ungleichgewicht zwischen Omega-6- und Omega-3-Fettsäuren. Optimal wäre ein Verhältnis zwischen 5:1 und 2:1, oft liegt es leider bei 10:1, oft sogar bei 20:1.

Die Folge dieses großen Missverhältnisses ist ein entzündungsförderndes Ungleichgewicht, das an der Basis vieler Zivilisationskrankheiten steht. Unsere Vorfahren in der Steinzeit hatten ein optimaleres Verhältnis zwischen Omega-6 und Omega-3, denn ihre Nahrung bestand aus einer guten Mischung von gesättigten und ungesättigten Fetten mit einer ausreichenden Aufnahme von Omega-3 über wilde Kräuter, Fisch und Fleisch von Tieren, die sich im Freien ernähren konnten. Was unsere Vorfahren sicher nicht eingenommen haben, sind mehrfach ungesättigte pflanzliche Öle. Weidetiere, die artgerecht gehalten wurden, sich also auf Wiesen und Almen ernähren konnten, enthalten viel mehr Omega-3 als Tiere aus der Massentierhaltung. Leider treibt dieser Mehrwert für unsere Gesundheit und dazu noch der bessere Geschmack dieses Fleisches den Preis in die Höhe.

Warum es so wichtig ist, Omega-3-Fettsäuren zu sich zu nehmen:

Omega-3-Fettsäuren:
1. senken die Triglyzeridwerte
2. senken den Blutdruck
3. verbessern die Aufnahmefähigkeit und die Erinnerung
4. sorgen für schöne Haut und wirken gegen Alterserscheinungen
5. behindern die Bildung von Blutgerinnseln (Thrombose)
6. verringern das Herzinfarktrisiko
7. stärken das Immunsystem
8. verringern die Symptome bei Schuppenflechte (Psoriasis), rheumatoider Arthritis, Morbus Crohn, Schizophrenie, prämenstruellem Syndrom und bei starken Regelschmerzen
9. wirken gegen Depressionen
10. helfen dem Körper dabei, seine Körpertemperatur zu halten
11. helfen, das Gewicht zu reduzieren, indem sie die Harnausscheidung stimulieren und damit die Entwässerung der Gewebe vorantreiben, den Stoffwechsel und die Energieproduktion erhöhen, Fette und Glukose verbrennen und weniger Fett einlagern. Diese erhöhte Energieproduktion ist genau das Gegenteil dessen, was passiert, wenn wir hungern oder eine kalorienarme Diät machen. Hunger und kalorienarme Diäten verringern den Stoffwechsel und erhöhen in der Folge die Fetteinlagerung und damit das Körpergewicht.

Wie viel Fett darf ich essen?

Wer soll entscheiden,
wenn sich die Ärzte uneins sind?
Alexander Pope

Die gute Nachricht zuerst: Fett allein macht nicht übergewichtig. Fett ist eine ausgezeichnete Energiequelle, außerdem ist der Körper in der Lage, die Fettzufuhr perfekt zu regulieren, zumal Fette sehr sättigend sind. Denken Sie daran, dass viele der sogenannten fettarmen Diäten eine Reihe von Problemen nach sich ziehen, wie trockene Haut, Schwäche, Haarausfall, brüchige Nägel, unregelmäßigen Monatszyklus, Krankheitsanfälligkeit – von der Grippe bis hin zu anderen Infektionen.

Der menschliche Körper braucht Fette, deshalb setze ich bei ihnen keine Grenzen.

In der Tat: Ohne erhöhte Insulinwerte – die entstehen, wenn man zu viele raffinierte Kohlenhydrate zu sich nimmt – verbrennt unser Körper das Fett, das wir mit der Nahrung aufnehmen, um die notwendige Energie zu erhalten.

Das Problem entsteht, wenn man Fett mit einer unangemessenen Kohlenhydratzufuhr kombiniert, etwa mit Pommes, Chips, Torten, Snacks, Pasta usw. In diesem Fall sorgen die erhöhten Insulinwerte dafür, dass das Fett in den Fettzellen der Taille und der Leber gespeichert wird, mit der Konsequenz, dass sich eine Fettleber bildet und die Cholesterinausschüttung stimuliert wird.

Deshalb: Eine Ernährung reich an Fetten und an Kohlenhydraten ist absolut zu vermeiden!

Darf ich Eier essen?

Wer die Welt verändern will,
muss zuerst sich verändern.

SOKRATES

Unbedingt! Keine Angst vor Eiern! Ich selbst esse mindestens 14 Eier in der Woche. In der Tat beginne ich den Tag mit einem Frühstück aus einer Eierspeise mit mindestens zwei Eiern.
Das Ei ist stets als Cholesterinbombe Nummer eins bezeichnet worden. Deshalb wurde von einem Konsum von mehr als zwei Eiern pro Woche abgeraten. Es gibt aber keine Studien, die diese Eier-Phobie belegen würden. Im Gegenteil: Eine Studie mit 80.000 Krankenschwestern, durchgeführt in den Jahren 1980 bis 1994, und mit 37.000 Ärzten, aus den Jahren 1984 bis 1994, hat ergeben, dass der Konsum von Eiern – er schwankte zwischen einem Ei pro Woche bis zu mehreren Eiern am Tag – den Cholesterinwert im Blut nicht erhöht. Darüber hinaus besteht kein Zusammenhang zwischen dem Eierkonsum und dem Auftreten von Arteriosklerose.

Ist Schokolade erlaubt?

Der Genuss ist eine Sünde, und
manchmal ist die Sünde ein Genuss.

GEORGE GORDON BYRON

Natürlich, ein bis zwei Mal pro Woche, wenn die Schokolade mindestens 70 Prozent Kakao enthält. Diese Schokolade ist reich an Antioxidantien und Endorphinen.

Sind Milchprodukte erlaubt?

Wenn Sie keine Laktoseintolleranz oder Milcheiweißintolleranz haben, können Sie Milchprodukte ruhig essen. Bevorzugen Sie Produkte von Vieh, das auf Weiden gehalten worden ist, nehmen Sie Vollmilchprodukte, vergärte oder gereifte Produkte wie Joghurt, Kefir, Käse, Buttermilch, Sauerrahm – all diese Produkte sind eine gute Wahl, weil durch die Gärung die Laktose verringert wird.

Wie wichtig sind Obst und Gemüse?

Es gibt nicht nur ansteckende Krankheiten, es gibt auch ansteckende Gesundheit.

KURT HAHN

Sogar sehr wichtig! Aus Obst und Gemüse gewinnen wir die Kohlenhydrate, die wir für unsere Ernährung brauchen. Dabei ist es wichtig, ökosozial einzukaufen, das heißt, Produkte aus unserer Umgebung zu wählen. Damit erreichen wir einen doppelten Vorteil: Wir reduzieren die Umweltbelastungen durch lange Transportwege und wir bekommen frische Produkte. Von Obst und Gemüse erhalten wir auch Vitamine, Mineralstoffe, Ballaststoffe und wichtige Mikronährstoffe.
Aber wir dürfen nicht vergessen, dass Obst reich an Zucker ist. Wenn man abnehmen will, ist es ratsam, den Obstkonsum zugunsten von Gemüse zu reduzieren. In diesem Fall ist es empfehlenswert, Obst mit niedrigem glykämischen Index zu essen: Waldfrüchte, Erdbeeren, Pfirsiche.

Wie sollte ich Gemüse zu mir nehmen?

Bei funktionierender Verdauung ist es am besten, das Gemüse roh zu essen. Es enthält dann noch alle wichtigen Vitamine, die beim Kochen vielfach verloren gehen. Die beste Art, Gemüse zu kochen, ist deshalb, es über Dampf zu garen. Bei Verdauungsproblemen aber ist es ratsam, vorsichtig mit rohem Gemüse umzugehen, bis der Darm gestärkt ist und einer zu langsamen Verdauung entgegen gewirkt wird. Eine langsame Verdauung und erhöhte Bakterienkulturen im Darm (Reizdarm) können unangenehme Irritationen zur Folge haben, wie Blähungen oder Darmentzündungen (Colitis). Ein Darm, der bereits gereizt ist, kann bei vermehrter Zufuhr von rohem Gemüse im ersten Moment darunter leiden. Deshalb empfiehlt es sich, gekochtes Gemüse nur schrittweise durch rohes zu ersetzen.

Roh also besser als gekocht?

Das Erhitzen im Wasser zerstört einige Antioxidantien, die aus dem Gemüse geschwemmt werden. Die schonendste Art zu Kochen ist, über Dampf zu garen. Am allerbesten sind aber Suppen: Nichts wird weggeworfen, das Kochwasser wird ebenso verzehrt wie das Gemüse – noch vorhandene Vitamine, Mineralstoffe und Nährstoffe werden also aufgenommen.
Mein Rat: Gemüse gekocht und roh essen, am besten im Wechsel.

Welche Schäden entstehen durch das Kochen im Gemüse?

Die Enzyme im Gemüse, wichtig für die Verdauung, werden schon bei 45 Grad Celsius zerstört, bei 60 Grad Celsius Vitamin C und bei 100 Grad Celsius Mineralsalze.
All diese Nährstoffe werden beim Kochen aus dem Gemüse in das Wasser geschwemmt. Kohlgemüse (Kohl, Wirsing, Brokkoli und Karfiol) enthalten Indole, krebshemmende Stoffe, die sich beim Kochen zur Hälfte reduzieren. Gemüse mit grünen Blättern enthält Glutathion, ein starkes Antioxidans, das vor Tumoren schützt. Es wird beim Kochen ebenfalls zur Hälfte reduziert.
Es gibt allerdings Ausnahmen, also Substanzen, die durch das Kochen nicht geschädigt werden, sondern vom Körper besser aufgenommen werden können, wie das Beta-Carotin, ein wertvolles Antioxidans und anregend für das Immunsystem. Oder auch Lycopin, ein Antioxidans, das in reifen Tomaten enthalten ist, oder Quercetin, in Zwiebeln, Brokkoli oder Kürbis zu finden.

Darf ich Hülsenfrüchte essen?

Im Wesentlichen schon. Denken Sie aber daran, dass Hülsenfrüchte in erster Linie eine Kohlenhydratquelle sind und nur zu einem geringeren Teil pflanzliche Eiweißlieferanten. Die Bioverfügbarkeit von Mineralstoffen und anderen Mikronährstoffen ist eingeschränkt, weil Hülsenfrüchte nur schwer verdaut werden können. In der Tat werden viele von uns nach dem Verzehr von Hülsenfrüchten von Blähungen und Flatulenzen (Darmwinden) geplagt. Können Sie darauf nicht verzichten, dann achten Sie auf die Zubereitungsart: Legen Sie Hülsenfrüchte einige Zeit ins Wasser, dadurch wird die Verdaulichkeit erhöht und damit auch die Aufnahme der Mikronährstoffe im Körper. Hülsenfrüchte enthalten aber mit Sicherheit mehrere gute Nährstoffe, mehr davon hat man aber bei Produkten, die weniger Kohlenhydrate enthalten.

Sind Gewürze zum Kochen geeignet?

Natürlich, am besten wenn sie frisch oder getrocknet verwendet werden und ihr Ursprung zurückverfolgt werden kann. Am besten ist es natürlich, wenn Sie Ihre Gewürze im eigenen Garten oder am Fensterbrett selbst anbauen können. Vorsicht ist geboten bei Gewürzen, die Sie schon verpackt kaufen: Lesen Sie immer auf dem Etikett, ob sie nicht Zucker, Getreide oder Konservierungsstoffe enthalten.

Darf ich Nüsse und Samen essen?

Sicher, außer Erdnüsse: Das sind keine Nüsse, sondern Hülsenfrüchte. Sie sollte man nur gelegentlich essen. Sehr zu empfehlen sind folgende Nüsse und Samen: Mandeln, Walnüsse, Macadamia-Nüsse, Cashewnüsse, Haselnüsse, Pistazien, Sesamsamen, Sonnenblumenkerne, Kürbiskerne, Leinsamen, Pinoli.

Diese Nüsse und Samen sind aber sehr kalorienreich, seien Sie also vorsichtig, wenn Sie abnehmen möchten. Aber für eine kleine Zwischenmahlzeit eignen sie sich hervorragend.

Wie wichtig ist das Trinken?

Wasser ist das Elixier des Lebens.
Es ist Schöpfer, Mutter und Mittel.
Es gibt kein Leben ohne Wasser.
Albert Szent-Gyorgyi

Ausreichend zu trinken ist sehr wichtig: Zwei Liter am Tag gelten allgemein als gesundes Maß. Meiden Sie dabei aber alle Arten von Softdrinks oder von gezuckerten Getränken. Besser ist, Sie trinken Wasser aus dem Wasserhahn, auch Mineralwasser ist besser als süße Getränke. Wenn Sie Säfte mögen, dann am besten frisch gepresste Obst- oder Gemüsesäfte.

Wenn ich zum Essen eingeladen bin: Muss ich fasten?

Nichts geschieht in der Natur, was derselben als Schlechtigkeit zugerechnet werden kann.
BARUCH DE SPINOZA

Das sollte kein Problem darstellen, weil unsere Freunde (wenn es denn wahre Freunde sind) unsere Lebensstilveränderung respektieren und uns dabei helfen werden, diese einzuhalten.
Wenn wir in einem Restaurant sitzen, gibt es nichts leichteres, als unserem Lebensstil treu zu bleiben: Ich empfehle immer, mit einem Salat zu beginnen, möglichst gemischt. Sie können ihn ruhig mit ausreichend Olivenöl anrichten. Geben Sie Nüsse oder Samen dazu. Sagen Sie dem Kellner, dass er kein Brot bringen soll. Sie wissen: Was das Auge nicht sieht, tut dem Herzen nicht weh. Aber ebenso wichtig: Eine kleine Verfehlung gefährdet Ihre Gesundheit nicht!

Wie steht es um den Alkohol?

Gott hat nur das Wasser geschaffen, der Mensch aber den Wein.
VICTOR HUGO

Alkohol sollten Sie nur in bescheidenem Ausmaß genießen. Denken Sie immer daran, dass Alkohol die Wachstumshormonausschüttung behindert, welche wiederum den Fettabbau aktiviert, mit anderen Worten die Fettverbrennung. Personen, die Gewicht verlieren wollen, sollten also auf Alkohol verzichten. Ansonsten ist ein gutes Glas Wein oder ein Bier zum Essen nicht zu verteufeln. Wichtig ist aber, es mit dem Alkohol nicht zu übertreiben.

Sind Kaffee oder Tee erlaubt?

Natürlich. Geben Sie aber auf das Koffein acht: nie mehr als drei Tassen am Tag.

Ich erzähle Ihnen die Geschichte eines meiner Patienten:
Andreas, 43 Jahre alt und von Beruf Angestellter, kam zu mir in die Praxis, weil er abnehmen wollte. Sein BMI (Body Maß Index) lag über 30, er wog etwa 15 Kilo mehr als er sich wünschte, litt unter einer ausgeprägten Fettleber, hatte erhöhte Leber- und Ferritinwerte, Blutzucker über der Norm und zudem erhöhte Cholesterin- und Triglyzeridwerte.
Er klagte über Sodbrennen und Blähungen und nahm Medikamente dagegen. Wir erarbeiteten gemeinsam einen Ernährungsplan: Weil Andreas zu Mittag für seine Familie kocht und die Mittagspause kurz ist, galt es möglichst geeignete, aber schnelle Menüs zusammenzustellen.
Mittlerweile hat Andreas alle überschüssigen Kilos verloren, muss das Magenmedikament nicht mehr nehmen, alle Beschwerden sind verschwunden, seine Cholesterin-, Triglyzerid-, Blutzucker- und Transaminasenwerte haben sich normalisiert und die Fettleber hat sich zurückgebildet.

Bereits nach den ersten fünf bis sechs Wochen hat er mir berichtet, dass er sich wieder voller Energie fühle und die Müdigkeit während des Tages verflogen sei. Wenn er eingeladen ist, dann nimmt er sich nicht mehr die Brötchen vom Buffet, sondern nur mehr das, was auf den Brötchen drauf ist. Er isst kein Brot mehr und von der Pizza nur die Mozzarella und den restlichen Belag. Seine Tochter freut es, denn sie isst am liebsten den Pizzaboden.
Wenn er bei Freunden eingeladen ist, sagt er ihnen mit viel Feingefühl, dass er keine Nudeln, Reis, Hülsenfrüchte oder Kartoffeln isst. Und wenn er ein Sommerfest besucht, dann isst er die Bratwurst oder das Brathuhn mit einem Salat – nicht mit dem beigelegten Brot. Auf der Almhütte sucht er sich ein Menü ohne Kohlenhydrate aus – und belohnt sich danach mit einem schönen Becher voller Erdbeeren oder Himbeeren mit Schlagsahne!

Ist eine kleine Sünde hin und wieder erlaubt?

Jede restriktive Ernährung, voller Verbote und Regeln, ist zum Scheitern verurteilt. Davon bin ich fest überzeugt.
Ich bin sicher, dass die meisten von Ihnen schon Diäten durchgemacht haben: Sie haben Gewicht verloren und danach leider wieder zugenommen. Warum? Weil die Diät der größte Feind jeder Diät ist.
Ich empfehle meinen Patienten, das Frühstück so zu genießen, wie sie es möchten. Wenn sie es schaffen, die Kohlenhydrate wegzulassen, dann ist es besser, sonst sollen sie sie ruhig essen. Ansonsten erlaube ich ihnen zwei Kohlenhydrat-Mahlzeiten pro Woche – so wie sie es sich wünschen.
Was mir am Herzen liegt ist, dass die Patienten erkennen, was ihnen guttut: Die allermeisten verzichten mit der Zeit ganz von alleine auf Pizza, Pasta, Torten und all die anderen Sachen, weil sie sich – wenn sie sie gegessen haben – nicht gut fühlen. Deshalb ist es wichtig, auf unseren Körper zu achten: Was uns guttut, sollen wir essen, und zwar nur, wenn wir Hunger haben und nicht weil gerade Essenszeit ist. Und wenn wir Lust auf ein Eis, Schokolade oder ein Stück hausgemachte Torte haben: Gönnen wir sie uns! Deswegen bricht die Welt nicht zusammen!

Sind sogenannte Lightprodukte oder „ohne Fett"-Produkte besser?

Alle Skandale dienen der Verbreitung, denn es gibt keine besseren Nachrichten als die schlechten Nachrichten.

ANDY WARHOL

Es ist leider ein verbreiteter Irrglaube, dass Lightprodukte oder solche „ohne Fett" gesünder sind. Lightprodukte sind nichts anderes als ein genialer Schachzug der Werbung: Fette werden reduziert und stattdessen wird Zucker zugeführt, um den Geschmack zu erhalten. Zudem verleiten Lightprodukte dazu, mehr zu essen, was den Verkauf dieser Produkte natürlich ankurbelt. Die Folgen für unsere Gesundheit können Sie sich vorstellen. Passen Sie auch auf

„versteckten“ Zucker auf, zum Beispiel in Getränken, Snacks, Keksen und Torten, die auf dem Etikette „enthält keinen Zucker“ ausweisen. Leider sind diese Produkte trotzdem gezuckert, der Zucker versteckt sich nur hinter anderen Namen.

Was darf ich zum Frühstück essen?

Ich lasse meine Patienten das Frühstück frei wählen, also Brot, Butter und Marmelade oder Naturjoghurt mit Müsli oder Nüssen. Die Mahlzeit, die am schwierigsten zu verändern ist, ist zweifelsohne das Frühstück. Nachdem ich gegen Nötigung und Verbote bin, lasse ich hier viele Optionen zu. Ich versuche höchstens, einige grobe Fehler zu korrigieren: Croissants oder Snacks an der Bar, Kekse oder andere industrielle Produkte. Die Patienten sollen sich bewusst werden, was sie essen.

Ich lade alle ein, mit der Zeit eine gesunde Alternative zu finden, vielleicht Joghurt mit Früchten und Nüssen. Ich persönlich bereite mir morgens immer eine Eierspeise mit zwei Eiern, einem Löffelchen Dinkel- oder Buchweizenmehl und ein paar Löffelchen Mineralwasser oder Milch dazu. Ich gebe etwas Marmelade oder Topfen mit Marmelade dazu.

Die Möglichkeiten sind in der Tat unerschöpflich: Sie können das vom Abendessen übrig gebliebene Schnitzel essen, sich Spiegeleier mit Schinken zubereiten, ein weich gekochtes Ei, ein Omelett (aufgepasst auf das Mehl) mit Schinken oder mit Käse oder Speck, einen Joghurt-Shake mit frischen Früchten, Shakes mit Gemüse. Wichtig ist, dass Sie sich den Genuss am Essen erhalten.

Es gibt keine Beschränkungen bei Kaffee, Milchkaffee, Tee oder frisch gepressten Säften.

DIE NEUEN
WELLNESSTEES
ERLESENE KRÄUTERTEEMISCHUNGEN
POMPADOUR
FUNZIONE
DIGESTIVA
POMPADOUR
FUNZIONE
DIURETICA
POMPADOUR
FUNZIONE
RILASSANTE
POMPADOUR
FUNZIONE
SNELLENTE
POMPADOUR
FUNZIONE
DEPURATIVA
POMPADOUR
FUNZIONE
REGOLARITÀ
Es gibt nichts Besseres als eine feine, vertraute Gewohnheit, die auf ganz natürliche Art und Weise zum eigenen Wohlbefinden beiträgt. Manchmal steckt das Geheimnis der Qualität in der Einfachheit, so wie in den Kräuterteemischungen von Pompadour: wohlschmeckend, einzigartig, mit der natürlichen Wirkung der Heilpflanzen.
POMPADOUR
tee
SINCE 1913
POMPADOUR PRODUKTNAMEN SIND AUCH IN BRAILLESCHRIFT GESCHRIEBEN.
www.pompadour.it

Und als Zwischenmahlzeit?

Eine beliebte Möglichkeit sind Walnüsse, Macadamia-Nüsse, Cashewnüsse, Pistazien, Mandeln, Obst und Gemüse der Saison, Naturjoghurt mit Himbeeren oder Waldbeeren, jede Art von Käse (denken Sie zum Beispiel an die kleinen Parmesan-Stückchen, die es bereits verpackt zu kaufen gibt), ein Stück Schinken oder Bauernspeck, Cappuccino, ein Milch-Shake oder frisch gepresste Säfte – aber ohne Zucker.

Können auch Kinder auf diese Weise essen?

Nachdem wir nicht mehr Kind werden können, ist es wichtig und richtig, zu verhindern, dass sie werden wie wir.

Anonym

Die Antwort ist ganz klar: Ja, ohne Probleme. Was Fette betrifft, müssen wir bedenken, dass die Muttermilch mehr Cholesterin als jedes andere Lebensmittel enthält. Sie enthält zudem über 50 Prozent ihrer Kalorien in Form von Fett, davon sind ein guter Teil gesättigte Fette. Sowohl für die Säuglinge als auch für die Kleinkinder im Wachstum sind Cholesterin und die gesättigten Fette zusammen mit den ungesättigten, vor allem Omega-3, unersetzbar für das Wachstum und die Entwicklung des Gehirns.
Normalerweise haben Kinder keine Probleme, Kohlenhydrate zu verdauen, im Gegensatz zu den Erwachsenen.

Einige Ratschläge dennoch:

- Gewöhnen Sie Ihre Kinder daran, Wasser zu trinken. Kaufen Sie ihnen keine kohlenhydrathaltigen süßen Getränke, denn sie sind direkt für Übergewicht verantwortlich. Animieren Sie sie auch, frisch gepresste Säfte zu trinken, besonders wenn sie kein Obst oder Gemüse essen wollen.
- Geben Sie ihnen keine vorgekochten und verpackten Nahrungsmittel: Damit verbunden ist ein Anstieg der Kinderfettleibigkeit.
- Animieren Sie sie – auch wenn es oft nicht einfach ist – Obst und Gemüse zu essen.
- Bauen Sie in Ihren Wochen-Speiseplan auch Fisch ein. Bevorzugen Sie dabei aber nicht den bereits vorgekochten Fisch, besser ist der tiefgefrorene. Bei Fleisch achten Sie bitte darauf, dass es von artgerecht gehaltenen Tieren stammt.
- Reduzieren Sie Bonbons und verpackte Süßigkeiten: Ein selbstgebackener Kuchen ist besser als die Snacks aus dem Supermarkt, die zwar viel beworben werden, aber eben voll von Transfetten und deshalb gesundheitsschädlich sind.

Seit fast zwei Jahren kenne ich Matthias. Als er das erste Mal zu mir kam, war er 16 Jahre alt, wog 168 Kilogramm bei 1,84 Meter Körpergröße. Er war auf Diät gesetzt, wie üblich eine sehr restriktive Diät mit wenig Kalorienzufuhr, die ihm sehr viele Speisen verbot, weshalb er sehr oft Hunger hatte. Jedes Mal, wenn er Gewicht verlor, nahm er es später wieder zu. Wir haben einen gemeinsamen Weg begonnen, mit der Hilfe seiner Mutter und der gesamten Familie, und heute – nach fast zwei Jahren – hat er 38 Kilogramm

verloren, fühlt sich gut, hat keine Hungerattacken mehr und seine Cholesterin-, Triglyzerid- und Leberwerte – vorher stark erhöht – liegen jetzt im Normbereich. Matthias fühlt sich gut, hat verstanden, wie und was er essen kann und hat keine Probleme mehr: Er meidet gezuckerte Getränke, die seine Gleichaltrigen häufig trinken, er isst keine Pommes, kein Popcorn und kein Fast-Food. Kohlenhydrate wie Brot, Pasta, Reis, Kartoffeln isst er höchstens zwei Mal pro Woche.

Muss ich auf das Säure-Basen-Gleichgewicht achtgeben?

Viele Stoffwechselvorgänge in unserem Körper funktionieren dann optimal, wenn das Säure-Basen-Gleichgewicht stimmt. Das gute Funktionieren unserer Zellen, der Eiweißstrukturen und der Gewebe hängt ab von ihrem pH-Wert. Zucker führt zu einer Übersäuerung des Blutes, weshalb der Körper, um einen akzeptablen pH-Wert zu halten, gezwungen ist, seine basischen Mineralsalze einzusetzen. Der Körper, auf diese Weise seiner Mineralsalze beraubt, reagiert mit einer Reihe von Symptomen, die zu Haarausfall, Verlust der Knochendichte bis

hin zur Osteoporose und zur Anhäufung von Schlacken in Form von Fettpolstern, Cellulitis und Wasseransammlungen führen können.
In der modernen Ernährung überwiegen leider „saure“ Lebensmittel. Deshalb ist es wichtig, täglich basische Nahrung zuzuführen, also Gemüse, Obst, Pilze, Waldfrüchte, Trockenfrüchte, Nüsse, Molke und andere kaliumreiche Nährstoffe. Auf diese Weise halten Sie Ihren Säure-Basen-Haushalt im Gleichgewicht.

Was ist der glykämische Index?

Der glykämische Index ist ein Maß zur Bestimmung der Geschwindigkeit, mit welcher sich der Blutzuckerspiegel erhöht, wenn wir 50 Gramm Kohlenhydrate zu uns nehmen. Die Geschwindigkeit drückt sich in Prozent aus, wobei Glukose den Referenzwert (100 Prozent) liefert. Ein glykämischer Index von 50 bedeutet also, dass das Lebensmittel, das wir zu uns genommen haben, den Blutzuckerspiegel halb so schnell erhöht wie Glukose.
Lebensmittel mit hohem glykämischen Index sorgen für einen raschen Anstieg des Blutzuckerspiegels, mit der folgenden Insulinproduktion und raschen Hypoglykämie (niedriger Blutzuckerspiegel), während Lebensmittel mit niedrigem glykämischen Index den Blutzuckerspiegel konstant halten und folglich die Hypoglykämiekrisen mit Heißhungerattacken verhindern.
Produkte mit niedrigem glykämischen Index sind Gemüse (mit Ausnahme der Kartoffeln), ein Großteil des Obstes und einige Getreidearten (Gerste, Hafer).
Einen hohen glykämischen Index haben hingegen alle raffinierten Kohlenhydrate mit hoher Dichte: Pasta, Brot, Reis, Süßigkeiten, Zucker ganz allgemein.

Sind Nahrungsergänzungsmittel, Mineralien oder Vitamine wichtig?

Ein weiser Arzt versteht es ebenso, ein Gegenmittel zu verschreiben, wie auch nichts zu verschreiben.
Baltasar Gracián

Diese Art sich zu ernähren, hat eine stark harntreibende Wirkung. Die fortschreitende Reduzierung der Insulinkonzentration stimuliert die Wasserausscheidung über die Nieren. Sie werden sofort merken, dass Sie öfters auf die Toilette müssen.
Leider hat diese Wasserausscheidung auch den Nebeneffekt, dass Kalium und Natrium verloren gehen.
Eine leichte Dehydrierung und ein Kalium- und Natriummangel sind die Folgen. Dies kann das Gefühl eines leeren Kopfes oder auch einen Schwächeanfall verursachen. Deshalb ist es sehr wichtig, ausreichend zu trinken, die Nahrung gut zu salzen und auch Fleischsuppe zu trinken. Es kann vor allem in den ersten Wochen nötig sein, Natrium und Kalium noch zusätzlich einzunehmen. Sprechen Sie aber auf jeden

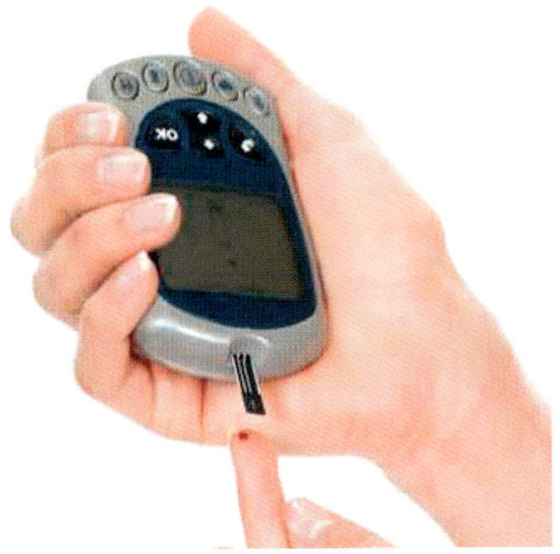

Fall mit ihrem Arzt, vor allem wenn Sie Medikamente gegen Bluthochdruck oder gegen Herzbeschwerden nehmen, die ebenso zu einem Natriummangel führen können.
Was Vitamine und Mikronährstoffe betrifft, ist zu sagen, dass Sie ausreichend davon aufnehmen, wenn Sie genügend Obst, Gemüse, Fleisch, Fisch, Käse, Nüsse und Samen essen. Ich empfehle allen meinen Patienten, den Vitamin-D-Spiegel im Blut bestimmen zu lassen, weil Vitamin D – kein Vitamin, sondern ein Hormon – im Körper von so gut wie jeder Zelle aufgenommen werden kann. Vitamin D wird benötigt, um Kalzium im Darm aufzunehmen, es stimuliert das Immunsystem und schützt uns somit vor Infektionskrankheiten, verringert das Risiko für Brust-, Eierstock-, Darm- und Prostatakrebs, es reduziert das Herzinfarkt- und Schlaganfallrisiko – um nur einige Eigenschaften von Vitamin D aufzuzählen. Über 70 Prozent der Menschen haben ein Vitamin-D-Defizit. Deshalb: Lassen Sie Ihren Vitamin-D-Spiegel bestimmen und nehmen Sie bei Bedarf genügend Vitamin D ein.

Eignet sich diese Ernährung für Personen mit Diabetes?

Sicher, ich habe mehrere Patienten mit Diabetes Typ 2, die ihre Ernährung umgestellt haben: Wenn sie Kohlenhydrate und damit Zucker reduzieren, bessert sich auch der Diabetes. Natürlich ist es wichtig, regelmäßig den Blutzuckerspiegel zu kontrollieren und mit dem Vertrauensarzt in Kontakt zu bleiben, zur besseren Dosierung der Medikamente.
Ich möchte Ihnen die Geschichte von Karin erzählen: Sie ist Lehrerin und 47 Jahre alt. Sie kam im August 2011 das erste Mal zu mir, mit Diabetes Typ 2, schlecht eingestellt und übergewichtig. Wir haben ihre Ernährung umgestellt und die medikamentöse Therapie überarbeitet. Seit mittlerweile vielen Monaten ist Karins Diabetes perfekt eingestellt, wir haben die Medikamente reduziert und sie hat zwölf Kilogramm abgenommen – und seither nicht mehr zugenommen. Karin fühlt sich gut und es ist sehr wahrscheinlich, dass wir bald die Medikamente zur Gänze einstellen können.

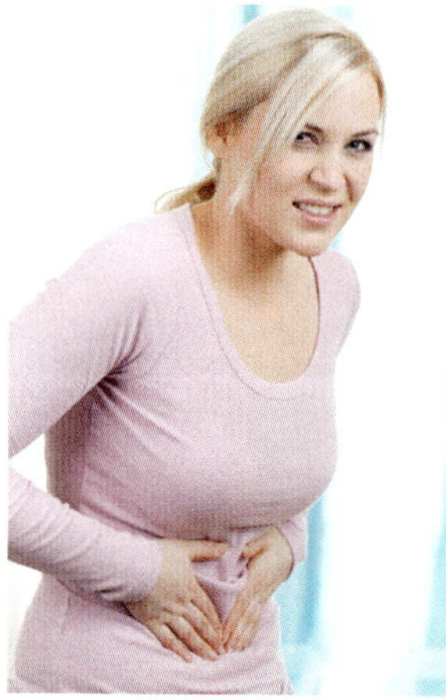

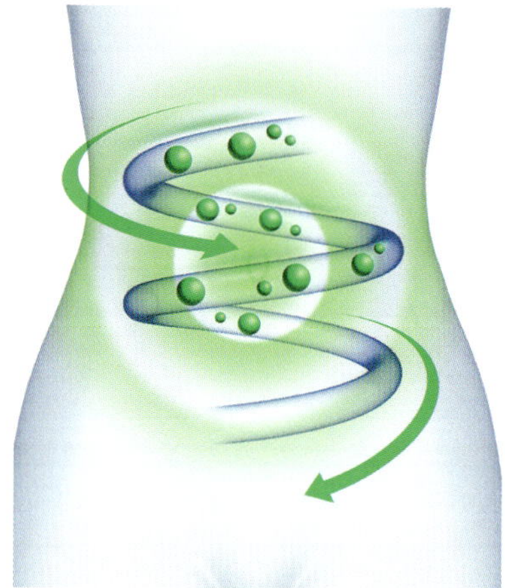

Ich leide unter unregelmäßigem Stuhlgang, Blähungen und Koliken nach dem Essen. Kann ich mich auch auf diese Weise ernähren?

Für Sie ist diese Art der Ernährung geradezu vorbestimmt. In all den Jahren als Ärztin habe ich sehr viele Patienten mit diesen Beschwerden erlebt, der Großteil davon war normalgewichtig. Die allermeisten haben von dieser Ernährung profitiert, ihre Symptome sind verschwunden, ihr Leben hat sich sehr verbessert.
Ich erzähle Ihnen die Geschichte von Irene:
Sie war 45 Jahre alt, als sie zu mir kam. Sie war stets sehr mager und litt seit über 20 Jahren an Durchfall, Blähungen, Müdigkeit und klagte über Unwohlsein. Sie aß praktisch nur mehr weißen Reis und Hühnerfleisch. Im vergangenen Jahr hat sie mit der Ernährung begonnen, wie ich sie in diesem Buch beschreibe, und schon nach drei Wochen fühlte sie sich wirklich besser. Wie weggeblasen waren Müdigkeit und Unwohlsein, auch die Blähungen und die Verdauungsprobleme. Sie läuft jeden Tag eine Stunde – jetzt mit viel mehr Energie als früher. Und das beste ist: Sie isst viel mehr als früher und fühlt sich sehr gut. Nur eines isst sie nicht mehr: Reis.

Hilft diese Ernährung auch bei Sodbrennen und Verdauungsproblemen?

Sicherlich. Zu den ersten positiven Effekten dieser Ernährung zählt, dass Symptome wie Sodbrennen, Gastritis, gastroösophagealer Reflux (Rückfluss von Mageninhalt und/oder Dünndarminhalt in die Speiseröhre) und Blähungen verschwinden. Das erzählen mir viele meiner Patienten. In den meisten Fällen können Magenmedikamente dann abgesetzt werden.

Schädigt zu viel Eiweiß nicht die Nieren?

Es gibt nur zwei Sachen: Wissenschaft und Meinung; die Erstere gebiert Wissen, die Letztere Unwissen.
HIPPOKRATES

Zuallererst handelt es sich hierbei nicht um eine eiweißreiche Diät, sondern um eine Ernährung mit angemessener Eiweißzufuhr. Wenn unsere Nieren nicht vorgeschädigt sind, dann entsteht ihnen durch diese Ernährung kein Schaden. Zudem gibt es keine medizinische Studie, die belegt, dass eine Reduzierung der Kohlenhydrate und eine vermehrte Aufnahme von Eiweiß die Nieren überanstrengen würde. Im Gegenteil: Eine Studie, durchgeführt 1995 in Deutschland, erhob eine Verbesserung der Nierentätigkeit bei einer erhöhten Eiweißaufnahme. Viele meinen, dass eine Reduzierung der Kohlenhydrate automatisch zu einer eiweißreichen Diät führt. Aber auch wenn Sie die Eiweißzufuhr stark erhöhen, wenn Ihre Nieren normal arbeiten, dann werden Sie keine Veränderung spüren. Aber vergessen Sie nicht, auch den Fettkonsum zu erhöhen!

Erhöht eine eiweißreiche Diät nicht das Risiko, an Osteoporose zu erkranken?

Überzeugungen sind gefährlichere Feinde der Wahrheit als Lügen.
FRIEDRICH NIETZSCHE

Nein. Nochmals: Es handelt sich hierbei nicht um eine eiweißreiche Diät, sondern um eine Diät mit ausgewogener Eiweißzufuhr.

Dennoch: Nicht einmal eine eiweißreiche Diät führt zu einem Kalziumverlust. Diese weit verbreitete Meinung ist nicht richtig und wird von keiner wissenschaftlichen Studie untermauert. Ernährungsstile mit sehr viel tierischem Eiweiß gibt es seit Tausenden von Jahren auf der ganzen Welt – ohne Schäden. Deshalb sorgen Sie sich nicht vor Osteoporose!

Sehr oft hört man, dass eine eiweißreiche Ernährung schädlich für die Leber ist. Stimmt das?

Es gibt wenige Gründe, die Wahrheit zu sagen, aber unendlich viele, um zu lügen.
CARLOS RUIZ ZAFÓN

Nein, es gibt keine wissenschaftliche Studie, die diese Behauptung untermauern würde.

Ich leide unter Bluthochdruck. Kann ich mich auf diese Weise ernähren?

Sicherlich, diese Ernährung führt mit sich, dass sich die Hochdruckwerte mit der Zeit verbessern, was eine Neueinstellung der medikamentösen Therapie notwendig macht. Natürlich kann das nur der Arzt vornehmen. In der Tat bewirkt die kontinuierliche Reduzierung der Kohlenhydrate über die Nahrung mit der folgenden Reduzierung des Insulinspiegels eine Verbesserung der Hochdruckwerte, und zwar durch die vermehrte Harnausscheidung.

Stimmt es, dass sich das Herzinfarktrisiko erhöht, wenn ich Kohlenhydrate reduziere?

Keine Lüge kann ewig leben.
THOMAS CARLYLE

Es gibt derzeit keine medizinische Studie, die einen Zusammenhang zwischen einer kohlenhydratarmen Ernährung und dem Herzinfarktrisiko festgestellt hätte. Im Gegenteil: Ich erinnere daran, dass seit 40 Jahren, genau genommen seitdem begonnen wurde, vom Fettkonsum abzuraten und stattdessen empfohlen wurde, mindestens 55 Prozent Kohlenhydrate zu essen, die Todesfälle aufgrund von Herzinfarkt schwindelerregend zugenommen haben und nunmehr die erste Todesursache überhaupt sind.

Ist der Konsum von zu viel rotem Fleisch nicht krebserregend?

Die Wahrheit ist oft ein Skandal und erscheint überflüssig. Die Heuchelei ist das Heil der Menschheit.
PAOLO ZAGARI

Heutzutage steht das rote Fleisch (von Rind und Schwein) am Pranger und wird für viele Tumorerkrankungen verantwortlich gemacht. Es gibt keine wissenschaftlichen Studien, die eine solche Behauptung bestätigen würden. Die verfügbaren Studien, aus denen diese beunruhigende Befürchtung herausgelesen wird, sind beobachtender Natur. Das heißt, sie beruhen auf positiven Zusammenhängen oder Wechselbeziehungen, was aber nicht heißt, dass das rote Fleisch erwiesenermaßen die Ursache für Tumorerkrankungen ist.

Zudem ist zu sagen, dass das Fleisch, das in diesen Studien untersucht wurde, nicht von artgerecht gezüchteten Tieren stammte, die im Freien gehalten wurden und sich von Gras und Heu ernährten. Das untersuchte Fleisch stammte von Tieren, die gemästet wurden, in erster Linie mit Getreide und anderen künstlich hergestellten Futtermitteln. Wir sprechen von Tieren aus der Massentierhaltung, die nicht mit Würde und ihren Bedürfnissen entsprechend gehalten werden, sondern mit Hormonen behandelt werden, um ihr Wachstum zu steigern und Antibiotika erhalten, um Infektionen und Krankheiten, die eine solche Haltung mit sich bringt, zu vermeiden. Das Fleisch dieser Tiere enthält kein ausgewogenes Verhältnis an Fettsäuren, es enthält Spuren der verabreichten chemischen Substanzen und wird zudem oft auch noch falsch verarbeitet, also mit schädlichen Ölen und Fetten zubereitet.
Was das weiße Fleisch betrifft, muss man sich fragen, wie gesund dieses sein kann, wenn es von Hühnern aus Legebatterien stammt, die mit industriellen Futtermitteln gemästet werden.

Außerdem: Wenn rotes Fleisch schädlich wäre, dann müssten alle Raubtiere, wie Tiger oder Geparden, krank sein. Fakt allerdings ist, dass das Fleisch, das diese Tiere fressen, unbehandelt ist.
Die Antwort ist nicht ganz einfach, aber auf jeden Fall kann es nicht sein, dass rotes Fleisch mit seinen gesättigten Fetten, Vitaminen, Mineralstoffen und Proteinen gemieden wird: Es ist wichtig für das Wachstum, die Entwicklung und die Gesundheit ganz allgemein. Allerdings müssen wir nach Fleisch von artgerecht gehaltenen Tieren Ausschau halten und nach Bauern suchen, die dafür bürgen, ebenso nach Geschäften, die dieses Fleisch anbieten.

Machen kalorienarme Diäten nicht depressiv?

Was man lernen muss, um es zu tun,
das lernt man, indem man es tut.

Aristoteles

Das stimmt ohne Zweifel. Aber es trifft nicht auf diese Art der Ernährung zu, weil sie nicht kalorienarm ist. Wir essen, bis wir satt sind, Fett fehlt uns nicht, in der Tat haben wir nur die raffinierten Kohlenhydrate reduziert, den Zucker. Uns fehlt es an nichts: Von den Fetten und Eiweißen, die wir zu uns nehmen, produzieren wir den

Was Sie beachten sollten:

- behalten Sie Ihr Gewicht im Auge
- bewegen Sie sich
- rauchen Sie nicht
- essen Sie Obst und Gemüse
- verwenden Sie bei Bedarf Nahrungsergänzungsmittel wie Vitamin D
- meiden Sie behandeltes Fleisch, auch verpackte Fleischprodukte
- meiden Sie zu stark gekochtes Fleisch
- essen Sie von verschiedenen tierischen Produkten
- essen Sie kein Fleisch aus Massentierhaltung, das Hormone, Antibiotika und Giftstoffe enthält. Dieses Fleisch erhöht tatsächlich das Risiko für Herzkreislauf- und Tumorerkrankungen. Suchen Sie nach Fleisch aus artgerechter Tierhaltung.

Zucker, den wir brauchen. Fett ist eine ausgezeichnete Energiequelle, Obst und Gemüse, das wir in großen Mengen essen, gewährleisten uns eine optimale Aufnahme von Vitaminen, Mineralsalzen und Mikronährstoffen. Wir können gar nicht depressiv werden!
Ich habe noch keinen meiner Patienten erlebt, der mit der Umstellung auf diesen Lebensstil depressiv geworden wäre. Im Gegenteil: Meine Patienten erzählen mir, dass sie sich vital und voller Energie fühlen, keine Spur mehr von der Müdigkeit, die sie zuvor plagte.

Ich erzähle Ihnen die Geschichte eines meiner Patienten, die mich sehr berührt hat:
Martin ist 45 Jahre alt und kam zu mir, weil er unter verschiedenen Verdauungsproblemen litt: ständiges Sodbrennen, Blähungen im Magen und Unterbauch, Völlegefühl mit Brechreiz und Übelkeit, öfters Erbrechen, oft Durchfall, auch Verstopfung, Schwäche, Schlafstörungen, allgemeines Unwohlsein. Sein Krankheitsbild hat ihn in seinem Leben sehr beeinträchtigt, er entwickelte eine schlimme Depression. In der Folge musste er drei starke Antidepressiva zu sich nehmen. Trotz verkürzter Arbeitszeiten, die ihm zugestanden wurden, tat er sich bei der Arbeit immer schwerer, sie bereitete ihm immer mehr Mühe. Wie ernährte er sich? Zu über 75 Prozent von Kohlenhydraten. Er aß so gut wie nie Obst und Gemüse, wenig Eiweiß und so gut wie kein Fett. Also haben wir seine Ernährung umgestellt: Nach acht Wochen fühlte sich Martin wieder gut, alle Beschwerden waren verschwunden und – was am wichtigsten ist: Er konnte einen Großteil seiner Psychopharmaka absetzen.

Führt diese Ernährung auf jeden Fall zu Gewichtsverlust oder kann das Gewicht auch unverändert bleiben?

Die großen Erwartungen sind die Vorstufe zu den großen Enttäuschungen.
CECILIA DART-THORNTON

Wenn sie kein Kilo abnehmen, dann ist der Körper, der früher vielen Diäten unterworfen worden ist – höchstwahrscheinlich zur Gänze kalorienarm –, in eine Phase der Trägheit gefallen. Unser Stoffwechsel arbeitet auf Hochtouren, wenn er viel Nahrung bekommt, während er auf Sparflamme arbeitet, wenn er wenig Nahrung bekommt, um die Fettreserven zu erhalten. Die Folge ist, dass wir kein Gewicht verlieren.

Wenn Sie in der Vergangenheit viele Diäten durchgeführt haben, dann hat sich das der Körper gemerkt. Wenn Sie eine neue Ernährungsumstellung beginnen, schaltet er auf Autopilot und fährt den Stoffwechsel auf das Sparprogramm zurück, sodass Sie sich immer schwerer tun, Gewicht abzunehmen. Die gute Nachricht: Wenn Sie sich ernähren, wie in diesem Buch beschrieben, wird im Laufe der Wochen der Stoffwechsel wieder so weit stimuliert, dass er das eingelagerte Fett verbrennt.

Ich war sehr übergewichtig. Zunächst habe ich sehr gut abgenommen, dann aber einen toten Punkt erreicht. Was kann ich tun?

Wie man das Ziel erreicht?
Ohne Hast, aber ohne Pause.
JOHANN WOLFGANG VON GOETHE

Es scheint, dass sehr viele diesen toten Punkt erreichen. Er ist das Fegefeuer aller Ernährungspläne.
Die Gründe hierfür sind vielschichtig. Häufig führt eine regelmäßige körperliche Betätigung zu einer Neumodellierung des Körpers: Die mageren Stellen nehmen zu, die fetten Stellen nehmen ab. Das Gewicht verändert sich zwar nicht, aber Sie werden um die Taille schmäler, was bereits sehr positiv ist. Ich rate von einem zu engen Verhältnis mit der Waage ab: Es ist der Körper, der uns sagt, ob es ihm gut geht – und den Erfolg sehen wir an unserer Kleidergröße.

Wenn sich der Zeiger der Waage hartnäckig weigert, nach unten zu wandern, dann sollten Sie sich aufrichtig fragen, ob Sie einiger Sünden frönen: hin und wieder ein Eis oder ein Muffin oder das Stück Torte bei Freunden? Sehr oft ist das der Grund für gebremsten Gewichtsverlust. Ich empfehle in diesen Fällen, sehr genau aufzuschreiben, was Sie essen und zu zählen, wie viel Gramm Kohlenhydrate Sie zu sich nehmen. Und bedenken Sie, dass Sie sich oft selbst in die Irre führen: „Es ist ja nur ein Keks“ – eben, es ist ein Keks.
Wenn Sie aber sehr an Ihren Essensgewohnheiten hängen, dann versuchen Sie, die Portionen oder die Dosis zu reduzieren: Reduzieren Sie den Fettkonsum, halten Sie den Eiweißkonsum für Ihre Muskelmasse auf ein Minimum und streichen Sie die Kohlenhydrate: Meistens löst sich die Blockade im Stoffwechsel nach einigen Tagen. Ein anderer Trick ist, die Flüssigkeitszufuhr zu erhöhen: Viel trinken hilft!

Manchmal kann auch chronischer Schlafmangel den Gewichtsverlust blockieren: Es wird vermehrt Cortisol ausgeschüttet, das Hormon, das für die Fettspeicherung verantwortlich ist. Das Wachstumshormon, das für die Fettverbrennung zuständig ist, wird hingegen im Tiefschlaf ausgeschüttet. Deshalb sollten Sie versuchen, in der Nacht mindestens sieben Stunden zu schlafen.
Einige Patienten tun sich auch schwerer mit dem Abnehmen, wenn sie vermehrt Milchprodukte zu sich nehmen. Der Insulineffekt scheint dabei höher zu sein als bei anderen Nahrungsmitteln. Versuchen Sie in diesem Fall, eine Zeitlang den Konsum von Milchprodukten zu reduzieren.
Einige verlieren schon in den ersten Wochen Gewicht, andere benötigen dafür mehr Zeit – bis der Körper sich an den neuen Lebensstil gewöhnt hat. Aber das ist kein Problem: Hat sich der Körper einmal daran gewöhnt, dann stellen sich die positiven Resultate ganz automatisch ein. Vergessen Sie die Waage und bleiben Sie am Ball!

Wie wichtig ist körperliche Betätigung? Und muss es unbedingt das Fitnessstudio sein?

„Gegen die Infamitäten des Lebens sind die besten Waffen Tapferkeit, Eigensinn und Geduld. Die Tapferkeit stärkt, der Eigensinn macht Spaß und die Geduld gibt Ruhe."

HERMANN HESSE

Wir sind geboren, um zu laufen! Die körperliche Betätigung ist für unser Wohlbefinden sehr wichtig. Denken Sie daran, dass die Steinzeitmenschen bis zu 32 Kilometer am Tag gelaufen sind. Aber keine Angst, soweit müssen wir uns nicht zu Fuß fortbewegen! Es ist ohnehin schon schwierig genug, in unserem täglichen Leben Zeit für Bewegung zu finden. Ich werde Sie an dieser Stelle nicht mit den Vorteilen von körperlicher Betätigung für den Körper aufhalten. Dazu haben viele kompetente Autoren bereits Bücher geschrieben. Ich werde Ihnen erzählen, wie es mir ergangen ist und wie ich die Zeit finde, mich zu bewegen: Denn wie so viele von Ihnen habe auch ich keine Zeit, ins Fitnessstudio zu gehen oder regelmäßige spezifische Programme abzuarbeiten. Aber ich habe mich bemüht, Lösungen zu finden, die an jedem Ort und zu geringem Preis möglich sind. Ich laufe drei bis vier Mal in der Woche, egal wo ich bin, egal zu welcher Jahreszeit. Ich laufe morgens um 6 Uhr im Sommer, vor 6 Uhr im Winter. Und ich habe eine Laufgruppe gegründet: Ich sage Ihnen, es ist sehr viel besser in Gesellschaft zu laufen, man rafft sich auf, dreht sich nicht wieder um, wenn der Wecker klingelt, sondern hüpft auch dann aus dem Bett, wenn es draußen noch finster ist.
Eine ausgezeichnete Alternative zum Laufen ist Nordic Walking: Auch das ist überall möglich, es genügen ein paar gute Laufschuhe und ein paar geeignete Stöcke. Um die richtige Technik zu erlernen, empfehle ich Ihnen, sich zumindest ein paar Stunden lang einen Trainer zu nehmen. Dann erzielen Sie den größten Nutzen.

Nicht alle aber können sich für Laufen, Nordic Walking oder generell sportliche Betätigungen an der frischen Luft begeistern: Dafür habe ich einige Übungen, die ich zusätzlich noch mindestens zwei Mal pro Woche zu Hause trainiere. Wenn Sie mit Laufen nichts am Hut haben, empfehle ich Ihnen diese Übungen mindestens drei Mal pro Woche. Ich habe sie mit den Personaltrainern Manni Pernthaler und Max Rugolo von City-Fitness in Bozen erarbeitet: Alle acht Wochen bekomme ich von Ihnen neue Variationen, damit die Muskeln stets neu gefordert werden. Auf den nächsten Seiten erhalten Sie somit Übungsvorschläge in verschiedenen Schwierigkeitsgraden, welche Sie leicht in Ihren Alltag einbauen können.

Sie benötigen dafür eine Fitnessmatte, einige elastische Therabänder, einen Swiss-Ball, Hantel-Paare zu ein, zwei, drei, vier und fünf Kilogramm und Fußgelenksmanschetten zu je einem Kilogramm.
Ich führe die Übungen stets in Dreier-Blocks durch, wobei ich jeden Block zwei Mal wiederhole, bevor ich zum nächsten übergehe.

Squat mit dem Swiss-Ball

Platzieren Sie den Ball zwischen Ihrem Rücken und der Wand. Gehen Sie nun mit ausgestreckten Armen und hüftbreitem Stand in die Knie (über 90 Grad) und richten sich wieder auf.

15 Wiederholungen

oder

Ausfallschritt mit Kurzhanteln

Stellen Sie sich aufrecht hin, die Füße schulterbreit auseinander, und halten in jeder Hand eine Hantel. Machen Sie einen Schritt vorwärts: Dabei beugen Sie das vordere Bein, bis der Oberschenkel parallel zum Boden ist und das Knie des hinteren Beines fast den Boden berührt. Zurück in den aufrechten Stand (Füße parallel), danach mit dem anderen Bein einen Ausfallschritt machen (= eine komplette Wiederholung).

15 komplette Wiederholungen

Oberschenkel (Abduktoren)

In der Seitenlage den Kopf mit einer Hand abstützen, die andere Hand vor den Oberkörper legen. Das untere Bein ist angewinkelt. Nun das obere Bein anheben und wieder zurück in die Ausgangsstellung gehen. Halten Sie während der gesamten Übung die Muskelspannung im Bein.
Machen Sie 15 Wiederholungen und wechseln Sie danach die Seite. Dann die Übung mit den Fußgelenksmanschetten am Sprunggelenk wiederholen.

Oberschenkel (Adduktoren)

In Rücklage die Beine im rechten Winkel zum Körper in die Höhe strecken und grätschen. 15 Wiederholungen, danach die Übung mit Fußgelenksmanschetten wiederholen.

Bauchmuskelübungen:
Gerade Bauchmuskeln mit dem Swiss-Ball

Mit dem Rücken, von der Hüfte bis unter die Schulterblätter, auf den Swiss-Ball legen. Die Hände hinter dem Nacken verschränken. Den Oberkörper aufrichten, ohne den Kopf zur Brust zu bewegen. In die Ausgangsstellung zurückgehen, ohne die Spannung von der Bauchmuskulatur zu nehmen.

30 Wiederholungen und langsam steigern

oder

Crunch mit angehobenen Beinen

Auf dem Rücken liegen, Beine in Hüfte und Knie rechtwinklig beugen. Nun den Oberkörper während des Ausatmens weit nach oben rollen, ohne den Rücken zu heben, Blick gerade aus. In die Ausgangsstellung zurückkehren, ohne die Spannung von der Bauchmuskulatur zu nehmen.

15 Wiederholungen und langsam steigern

Rückenmuskelübungen
Rudern einarmig

Stützen Sie den rechten Unterarm und das rechte Knie auf eine Bank. Das Standbein leicht gebeugt halten, der Rücken ist parallel zum Boden. Die linke Hand hält die Hantel, sie hängt gerade hinunter. Nun ziehen Sie die Hantel zur Brust und halten die Spannung während der gesamten Übung.

15 Wiederholungen pro Seite

oder

Rudern mit Kurzhanteln

Hüftbreit stehen, die Hände halten die Hanteln und hängen parallel zum Körper gerade hinunter. Den Oberkörper leicht beugen, Rücken gerade halten und die Hanteln zum Oberkörper ziehen. Während der gesamten Übung die Spannung in den Armen halten.

15 Wiederholungen

Oberkörperheben am Swiss-Ball/Hyperextension

Mit dem Oberkörper auf den Swiss-Ball legen, Hände hinter dem Nacken verschränken und den Oberkörper heben. Während der Übung die Spannung im Rücken halten.

15 Wiederholungen

Schulterübungen
Kurzhantel Seitheben

Hüftbreit hinstellen, die Beine sind leicht gebeugt. In jede Hand eine 1-Kilo-Hantel nehmen. Die Arme seitlich bis auf Schulterhöhe heben und wieder senken; Ellenbogen dabei immer leicht anwinkeln und während der gesamten Übung die Spannung in den Armen halten.

15 Wiederholungen,
danach auf 2-Kilo-Hanteln steigern

oder

Schulterdrücken mit Kurzhanteln

Hüftbreit hinstellen, die Beine sind leicht gebeugt. Die Hanteln senkrecht über dem Kopf halten, die Arme sind leicht angewinkelt. Die Hanteln herunterlassen, bis die Ellenbogengelenke einen 90-Grad-Winkel erreichen. Die Hanteln wieder hochheben. Während der gesamten Übung die Spannung in den Armen halten.

15 Wiederholungen

Brustmuskeln

Legen Sie sich mit dem Oberkörper auf den Swiss-Ball, Schultern und Kopf sind auf einer Ebene mit dem Rumpf. Die Hände mit den Hanteln nach oben strecken, die Arme mit den Hanteln seitlich nach unten senken, wieder heben. Während der Übung die Spannung in den Armen halten.

15 Wiederholungen

oder

Knieliegestütz

Im Gegensatz zum klassischen Liegestütz stützen Sie sich mit den Knien ab.

15 Wiederholungen

oder

Die schwierigere Variante: halber Sturzflug

Optimales Core-Training! In die Liegestützposition gehen, Hände und Füße stehen breiter als schulterbreit auseinander. Gesäß nach oben schieben, stützen Sie sich auf beiden Unterarmen ab, die Beine bilden einen rechten Winkel zum Oberkörper. Dann führen Sie die Bewegung in umgekehrter Richtung aus.

So viele Wiederholungen wie möglich, bis Sie mindestens 15 erreichen.

Seitliche Bauchmuskeln

In der Linksseitenlage linken Arm nach vorne ausstrecken, rechte Hand hinter das rechte Ohr, linkes Bein leicht angewinkelt, rechtes Bein 90 Grad gebeugt. Gleichzeitig rechtes Bein hochziehen und Rumpf zum Knie hochziehen: Diese Position ein paar Sekunden lang halten, dann wieder in die Ausgangsposition gehen.

8 Wiederholungen pro Seite, nach ein paar Wochen 15 Wiederholungen.

oder

Crunch mit überkreuzten Beinen

Auf dem Rücken liegen, die Arme senkrecht nach oben strecken, der rechte Fuß ruht auf dem linken Knie. Den Oberkörper anheben, bei gestreckten Armen die linke Schulter zum rechten Knie bringen; in die Ausgangsstellung zurückkehren, Bein wechseln, den nächsten Satz durchführen.

15 Wiederholungen

Trizeps
Dips an der Bank

Die Arme auf einem Stuhl oder einem Stepper abstützen, ein Bein gestreckt, das andere in Sitzposition gebeugt, nun langsam das Gesäß senken und wieder aufrichten. Während der Übung die Spannung halten.

Langsam steigern,
bis zu 15 Wiederholungen

oder

Trizeps-Kickbacks

Hanteln in die Hände nehmen und auf eine Bank setzen. Oberkörper mit angelegten Oberarmen vorbeugen und die rechtwinklig gebeugten Unterarme mit den Hanteln nach hinten strecken. Am Bewegungsende Trizeps anspannen.

8 Wiederholungen
und steigern auf 15

Bizeps
Bizeps mit Theraband

Im Ausfallschritt den vorderen Fuß auf die Mitte des Bandes stellen. Mit beiden Händen jeweils ein Ende greifen, sodass schon mit gestreckten Armen eine leichte Spannung entsteht. Dann die Arme gegen den Widerstand beugen.

15 Wiederholungen

oder

Bizeps mit Hanteln

Auf einem Stuhl sitzen, Beine sind gegrätscht. In einer Hand eine Hantel heben, den Ellbogen auf dem Knie abstützen, die Hantel langsam zum Oberkörper heben. Die Spannung während der Übung halten.

15 Wiederholungen,
die Gewichte langsam erhöhen

Einbeiniges Hüftheben

Mit angewinkelten Beinen und geradem Rücken auf dem Boden sitzen, die Hände auf beiden Seiten des Gesäßes abstützen. Die Fingerspitzen zeigen nach vorne oder leicht nach außen. Die Hüfte anheben, bis die Knie einen rechten Winkel und der Körper eine gerade Linie von den Schultern bis zu den Kniegelenken bilden. Nun das rechte Bein anheben. Die Arme gerade halten, aber nicht komplett durchgestreckt. Danach langsam wieder nach unten gehen.

15 Wiederholungen pro Seite

oder

Seitstütz

Tolles Core-Training! Liegestützposition mit Unterarmstütze. Drehen Sie sich nach rechts, bis Sie den rechten Arm senkrecht nach oben ausstrecken können und selbst in Linksseitenlage positioniert sind. Spannen Sie Bauch, Beckenboden, Rücken und Beine fest an, heben Sie die Hüfte an, bis Rumpf und Beine eine Linie bilden. Langsam wieder in die Ausgangsposition gehen und Seite wechseln.

14 Mal wiederholen

Für 2 Personen

Gemüsesuppe

ZUTATEN

150 g	Zucchini
50 g	Stangensellerie
50 g	Lauch
2 Blatt	Kopfsalat
150 g	Karotten
100 g	Kartoffeln
1	kleine Zwiebel
1	Tomate
100 g	grüne Bohnen
50 g	Erbsenschoten
1	Artischockenboden
1 EL	Petersilie, fein geschnitten
1 TL	Basilikum, fein geschnitten
2 EL	Olivenöl
1 l	heiße Gemüsebrühe
50 g	gekochte Cannellini-Bohnen
	Salz
	Pfeffer aus der Mühle
1 EL	Parmesan, gerieben

Suppe: etwa 30 Minuten

ZUBEREITUNG

- etwa 1 Stunde
- einfach

Zubereitung

- Zucchini, Stangensellerie, Lauch und Kopfsalat putzen, waschen und klein würfeln.
- Karotten, Kartoffeln und Zwiebel schälen und in kleine Würfel schneiden.
- Tomate schälen, entkernen und in kleine Stücke schneiden.
- Von den grünen Bohnen die Spitzen und die Stielansätze entfernen.
- Erbsen pulen.
- Aus der Mitte des Artischockenbodens das „Heu“ entfernen, den Boden in kleine Würfel schneiden.
- Petersilie und Basilikum zum Gemüse geben.
- Gemüse mit Olivenöl in einem großen Topf bei schwacher Hitze etwa 10 Minuten dünsten.
- Brühe angießen und Cannellini-Bohnen dazugeben.
- Mit Salz und Pfeffer abschmecken.
- Gemüsesuppe etwa 20 Minuten bei niedriger Hitze garen.

Fertigstellung

- Mit Parmesan bestreuen und warm servieren.

TIPPS

- Sie können die Gemüsesuppe kurz vor dem Servieren auch mit Pesto abschmecken.
- Im Winter können Sie zusätzlich Blumenkohl dazugeben.

Für 2 Personen

Klare Suppe mit Ricottanocken

ZUTATEN

200 g	Ricotta
1	Eigelb
1 Msp.	Muskatnuss, gemahlen
1 EL	Petersilie, fein geschnitten
	Salz
	Pfeffer aus der Mühle
1	Eiweiß
500 ml	heiße Rindsbrühe
1 EL	Parmesan, gerieben

Suppe: etwa 5 Minuten

ZUBEREITUNG

- etwa 15 Minuten
- einfach

Zubereitung

- Ricotta mit Eigelb und allen Gewürzen gut vermischen.
- Eiweiß zu Schnee schlagen und zur Ricottamasse geben.
- Aus der Ricottamasse mit einem Löffel Nocken formen.
- Die Nocken in die Brühe geben und etwa 5 Minuten darin garen.

Fertigstellung

- Mit Parmesan bestreuen und warm servieren.

TIPPS

- Als Garnitur eignen sich Petersilienblätter.
- Dazu passt ein Rucola- oder Tomatensalat.
- Statt Rindsbrühe können Sie auch Gemüsebrühe verwenden.

Gemüsesuppe

Für 2 Personen

Tomatenomelett

ZUTATEN

- 100 g Kirschtomaten
- 1 Knoblauchzehe
- 50 g gekochter Schinken
- 30 g schwarze Oliven, entsteint
- 3 Eier
- 1 TL Petersilie, fein geschnitten
- 1 EL Parmesan, gerieben
- Salz
- Pfeffer aus der Mühle
- 1 EL Olivenöl

Omelett: etwa 15 Minuten

ZUBEREITUNG

- etwa 30 Minuten
- einfach

Zubereitung

- Tomaten waschen und halbieren.
- Knoblauch schälen und in dünne Scheiben schneiden.
- Vom Schinken den Fettrand entfernen, Schinken und Oliven fein würfeln.
- Eier leicht verquirlen.
- Tomaten, Knoblauch, Petersilie, Parmesan, Oliven- und Schinkenwürfel untermischen.
- Mit Salz und Pfeffer abschmecken.
- Olivenöl in einer beschichteten Pfanne erhitzen, die Ei-Mischung zugeben und etwa 10 Minuten bei schwacher Hitze stocken lassen.
- Omelett wenden und noch weitere 5 Minuten garen.

Fertigstellung

- Omelett auf Tellern anrichten und warm servieren.

TIPP

- Um das Omelett zu wenden, lassen Sie es auf einen flachen Topfdeckel oder Teller gleiten und stürzen es umgekehrt in die Pfanne.

Für 2 Personen

Omelett mit Gemüse

ZUTATEN

- 150 g Zucchini
- 1 kleine Tomate
- 1 kleine Zwiebel
- 50 g frische Erbsenschoten
- 2 Zucchiniblüten
- 2 EL Olivenöl
- 3 Eier
- Salz
- Pfeffer aus der Mühle

Gemüse: etwa 10 Minuten
Omelett: etwa 15 Minuten

ZUBEREITUNG

- etwa 45 Minuten
- einfach

Zubereitung

- Zucchini waschen und in feine Scheiben schneiden.
- Tomate schälen und in kleine Würfel schneiden.
- Zwiebel schneiden, Erbsen pulen, Zucchiniblüten gut säubern.
- 1 Esslöffel Öl und das Gemüse in eine beschichtete Pfanne geben und kurz anbraten.
- Bei niedriger Hitze etwa 10 Minuten garen, ab und zu umrühren.
- Eier in einer Schüssel verquirlen.
- Mit Salz und Pfeffer abschmecken.
- Gemüse in die Eiermasse geben.
- In einer beschichteten Pfanne das restliche Olivenöl erhitzen und die Eier-Gemüse-Mischung hinzufügen.
- Omelett etwa 10 Minuten bei schwacher Hitze stocken lassen.
- Omelett wenden und weitere 5 Minuten garen.

Fertigstellung

- Omelett auf Tellern anrichten und warm servieren.

TIPP

- Tomaten kreuzweise einschneiden und in heißem Wasser kurz blanchieren: So ist das Schälen einfacher.

Omelett mit Gemüse

Für 2 Personen

Käseomelett

ZUTATEN

2 Zwiebeln, fein geschnitten
20 g Butter
50 g schwarze Oliven
3 Eier
1 EL Milch
125 g Pecorino toscano

Zwiebeln: etwa 5 Minuten
Omelett: etwa 15 Minuten

ZUBEREITUNG

- etwa 30 Minuten
- einfach

Zubereitung

- Zwiebelwürfel bei niedriger Hitze in einer beschichteten Pfanne mit Butter anbräunen.
- Oliven klein schneiden und zu den Zwiebeln geben.
- Eier mit Milch in einer Schüssel aufschlagen.
- Käse in feine Streifen schneiden und mit den Eiern vermischen.
- Die Eier-Käse-Mischung über die Zwiebeln und Oliven geben und etwa 10 Minuten stocken lassen.
- Omelett wenden und weitere 5 Minuten garen.

Fertigstellung

- Omelett aufrollen, halbieren und auf Tellern anrichten, noch warm servieren.

TIPP

- Anstatt Pecorino toscano können Sie auch Parmesan verwenden.

Für 2 Personen

Zwiebelomelett

ZUTATEN

2 Zwiebeln, fein geschnitten
2 EL Olivenöl
2 EL Wasser
3 Eier
Salz
Pfeffer aus der Mühle

Zwiebeln: etwa 5 Minuten
Omelett: etwa 10 Minuten

ZUBEREITUNG

- etwa 20 Minuten
- einfach

Zubereitung

- Zwiebelwürfel bei niedriger Hitze in einer beschichteten Pfanne mit 1 Esslöffel Olivenöl anbräunen.
- Wasser dazugeben und weitergaren, bis die Zwiebeln glasig geworden sind.
- Eier mit Salz in einer Schüssel aufschlagen, Zwiebeln dazugeben.
- 1 Esslöffel Olivenöl in einer beschichteten Pfanne erhitzen, die Eier-Zwiebel-Mischung dazugeben und etwa 10 Minuten stocken lassen.

Fertigstellung

- Omelett auf Tellern anrichten und noch warm servieren.

TIPP

- Statt Zwiebeln können Sie auch Frühlingszwiebeln verwenden.

Zwiebelomelett

Omelett mit Bergkäse

Für 2 Personen

ZUTATEN

- 3 Eier
- 1 EL Wasser
- Salz
- Pfeffer aus der Mühle
- 20 g Butter
- 50 g Bergkäse, in dünne Streifen geschnitten

Omelett: etwa 15 Minuten

ZUBEREITUNG

- etwa 25 Minuten
- einfach

Zubereitung

- Eier mit Wasser leicht verquirlen, mit Salz und Pfeffer abschmecken.
- Butter in einer beschichteten Pfanne erhitzen und die Eiermasse hineingeben. Etwa 10 Minuten bei niedriger Hitze stocken lassen.
- Käse in die Mitte des Omeletts geben. Wenn der Käse geschmolzen ist, Omelett zusammenfalten oder einrollen.

Fertigstellung

- Omelett auf Tellern anrichten und warm servieren.

TIPP

- Sie können statt Bergkäse auch Emmentaler oder Fontina verwenden.

Zucchini-Mozzarella-Omelett aus dem Ofen

Für 2 Personen

ZUTATEN

- 200 g Zucchini
- 1 kleine Zwiebel
- 1 Knoblauchzehe
- Olivenöl
- Salz
- 50 g schwarze Oliven, entsteint
- 100 g Mozzarella
- 1 Msp. Muskatnuss, gemahlen
- 1 EL Basilikum, fein geschnitten
- 3 Eier

Gemüse: etwa 5 Minuten

Omelett: etwa 180 Grad

Omelett: etwa 10 Minuten

ZUBEREITUNG

- etwa 30 Minuten
- einfach

Zubereitung

- Zucchini waschen und in Streifen schneiden.
- Zwiebel fein würfeln.
- Knoblauch schälen und in dünne Scheiben schneiden.
- Olivenöl in einer beschichteten Pfanne erhitzen.
- Gemüse dazugeben und etwa 5 Minuten dünsten lassen.
- Mit Salz abschmecken und auskühlen lassen.
- Oliven fein schneiden und Mozzarella in kleine Stücke schneiden.
- Alle Zutaten zu den Zucchini geben und mit Muskatnuss und Basilikum würzen.
- Eier leicht verquirlen und über das Gemüse gießen, gut umrühren.
- Die Eier-Gemüse-Mischung in eine mit Butter eingefettete Form geben und im vorgeheizten Backofen etwa 10 Minuten backen.

Fertigstellung

- Omelett in der Form warm servieren.

TIPP

- Anstelle von Zucchini können Sie auch Melanzane verwenden.

Omelett mit Bergkäse

Schinkenomelett

Für 2 Personen

ZUTATEN

20 g Butter
100 g gekochter Schinken, in Würfel geschnitten
3 Eier
1 EL Parmesan, gerieben
Salz

Schinken: etwa 3 Minuten
Omelett: etwa 10 Minuten

ZUBEREITUNG

- etwa 20 Minuten
- einfach

Zubereitung

- Butter in einer beschichteten Pfanne erhitzen.
- Schinken dazugeben und anrösten.
- Eier mit Parmesan und Salz gut verrühren.
- Die Eiermasse über den Schinken gießen und etwa 5 Minuten stocken lassen.
- Omelett wenden und weitere 5 Minuten garen.

Fertigstellung

- Omelett zusammenfalten und warm servieren.

TIPPS

- Statt Schinken können Sie Pancetta (Bauchspeck) oder auch Melanzane verwenden.
- Als Beilage passt ein gemischter Salat.

Spinatomelett

Für 2 Personen

ZUTATEN

100 g blanchierter Spinat, ausgedrückt
20 g Butter
3 Eier
1 EL Parmesan, gerieben
Salz
Pfeffer aus der Mühle

Spinat: etwa 5 Minuten
Omelett: etwa 10 Minuten

ZUBEREITUNG

- etwa 20 Minuten
- einfach

Zubereitung

- Spinat zerkleinern.
- Butter in einer beschichteten Pfanne erhitzen.
- Spinat dazugeben und etwa 5 Minuten dünsten.
- Eier mit Parmesan und Salz verquirlen.
- Die Eiermasse zum Spinat geben, mit Pfeffer würzen und etwa 5 Minuten stocken lassen.
- Omelett wenden und weitere 5 Minuten garen.

Fertigstellung

- Omelett auf Tellern anrichten und warm oder lauwarm servieren.

TIPP

- Statt Spinat können Sie frische Salbeiblätter verwenden.

Spinatomelett

Rührei mit Sardellen und Mozzarella

Für 2 Personen

ZUTATEN

2	Sardellen, in Olivenöl
125 g	Mozzarella
3	Eier
1 EL	Milch
	Salz
	Pfeffer aus der Mühle
2 EL	Olivenöl
1 TL	Basilikum, fein geschnitten

Rührei: etwa 5 Minuten

ZUBEREITUNG

- etwa 20 Minuten
- einfach

Zubereitung

- Sardellen klein schneiden.
- Mozzarella in kleine Würfel schneiden.
- Eier in einer Schüssel aufschlagen, Milch dazugeben, mit Salz und Pfeffer abschmecken.
- Olivenöl in einer beschichteten Pfanne erhitzen und Sardellen hinzufügen.
- Mozzarellawürfel dazugeben.
- Die Eiermasse hineingießen und umrühren.
- Basilikum dazugeben und 3–5 Minuten weitergaren, hin und wieder umrühren.

Fertigstellung

- Rührei auf Tellern anrichten und warm servieren.

TIPPS

- Als Beilage passen gedünstetes Gemüse oder grüner Salat.
- Statt Sardellen können Sie in Salz eingelegte Kapern verwenden.

Für 2 Personen

Gefüllte Tomaten

ZUTATEN

- 4 mittlere und reife Tomaten
- Salz

FÜLLUNG

- 2 EL Basilikum, fein geschnitten
- 1 EL Schnittlauch, fein geschnitten
- 2 EL Zitronensaft
- 150 g Ricotta
- Salz
- Pfeffer aus der Mühle

WEITERES

- 1 EL Olivenöl
- Petersilie zum Garnieren

Tomaten: etwa 180 Grad
Tomaten: etwa 20 Minuten

ZUBEREITUNG

- etwa 40 Minuten
- einfach

Zubereitung

- Tomaten waschen, den Deckel abschneiden und entkernen.
- Fruchtfleisch herauslösen und klein hacken.
- Tomaten innen salzen, zum Abtropfen mit der Öffnung nach unten auf einen Teller legen.

Füllung

- Basilikum, Schnittlauch und Zitronensaft in eine Schüssel geben und gut umrühren.
- Tomatenfruchtfleisch und Ricotta daruntermischen.
- Mit Salz und Pfeffer abschmecken.

Fertigstellung

- Tomaten mit der Masse füllen.
- Eine hohe feuerfeste Form mit Olivenöl einfetten, die gefüllten Tomaten hineinstellen und im vorgeheizten Backofen etwa 20 Minuten backen.
- Mit Petersilie garnieren und servieren.

TIPPS

- Zur Füllung können Sie auch eine fein gehackte Knoblauchzehe geben.
- Die gefüllten Tomaten schmecken auch lauwarm oder kalt als Antipasti.
- Statt Tomaten können Sie auch Zucchini oder Melanzane verwenden.

Für 2 Personen

Überbackener Chicorée mit Schinken

ZUTATEN

- 2 Chicorée, halbiert
- Salz
- ½ unbehandelte Zitrone
- 100 g Béchamelsauce
- 1 Eigelb
- 1 EL Parmesan, gerieben
- 1 Msp. Muskatnuss
- 100 g gekochter Schinken, in 4 Scheiben geschnitten

WEITERES

- 20 g Butter zum Ausstreichen der Form
- 1 EL Parmesan zum Überbacken, gehobelt
- 20 g Butterflocken zum Überbacken

Chicorée: etwa 200 Grad
Chicorée: etwa 20 Minuten

ZUBEREITUNG

- etwa 45 Minuten
- einfach

Zubereitung

- Chicorée waschen und in einen Topf mit wenig Wasser geben.
- Mit Salz würzen, die halbe Zitrone zugeben und zugedeckt etwa 15 Minuten garen lassen.
- Chicoréehälften auf einem Küchenkrepp abtropfen und auskühlen lassen.
- Eigelb, Parmesan und Muskatnuss zur Béchamelsauce geben und gut umrühren.
- Chicoréehälften mit Schinken umwickeln.

Fertigstellung

- Eine feuerfeste Form mit Butter ausstreichen, die Chicoréehälften hineinlegen und mit Béchamelsauce übergießen.
- Mit gehobeltem Parmesan und Butterflocken bestreuen.
- Im Backofen etwa 20 Minuten überbacken und in der Form warm servieren.

TIPP

- Anstatt des gekochten Schinkens können Sie auch Parmaschinken verwenden.

Überbackener Chicorée mit Schinken

Für 2 Personen

Gemüserouladen

ZUTATEN

- 250 g Melanzane
- 2 EL Olivenöl
- 2 Tomaten
- 150 g Mozzarella
- 1 EL Basilikum, fein geschnitten
- Salz
- Pfeffer aus der Mühle
- 50 g Brotbrösel
- 1 Knoblauchzehe, fein gehackt
- 1 EL Petersilie, fein geschnitten

WEITERES

- Schnittlauchhalme zum Binden
- 2 EL Olivenöl

Rouladen: etwa 220 Grad
Rouladen: etwa 10 Minuten

ZUBEREITUNG

- etwa 40 Minuten
- einfach

Zubereitung

- Melanzane waschen, putzen und ungeschält in feine Scheiben schneiden.
- In einer beschichteten Pfanne Melanzane in 1 Esslöffel Olivenöl anbraten und auskühlen lassen.
- Tomaten waschen, vierteln und klein würfeln.
- Mozzarella in kleine Würfel schneiden.
- In einer Schüssel Tomaten- und Mozzarellawürfel, Basilikum und 1 Esslöffel Olivenöl gut vermischen.
- Mit Salz und Pfeffer würzen.
- Die Tomaten-Mozzarella-Masse auf den Melanzanescheiben verteilen.
- Melanzanescheiben zu kleinen Rouladen einrollen und mit einem Schnittlauchhalm verschnüren.
- Eine feuerfeste Form mit 1 Esslöffel Olivenöl einfetten und die Rouladen hineinlegen.

Fertigstellung

- Brotbrösel, Knoblauch und Petersilie in einer Schüssel gut umrühren und auf die Rouladen geben.
- Mit Olivenöl beträufeln und im Backofen etwa 10 Minuten überbacken.
- In der Form warm servieren.

TIPPS

- Statt Melanzane können Sie für die Rouladen auch große Zucchini verwenden.
- Die Melanzane können Sie auch im Backofen grillen.

Für 2 Personen

Melanzane-Pizzette

ZUTATEN

- 2 runde Melanzane
- 1 EL Olivenöl zum Anbraten
- Salz
- 2 Tomaten
- ½ Knoblauchzehe, fein gehackt
- 1 EL Petersilie, fein geschnitten
- 1 EL Basilikum, fein geschnitten
- 1 EL Olivenöl
- Salz
- Pfeffer aus der Mühle
- 1 Peperoni
- 2 große Champignons
- 50 g Fetakäse

WEITERES

- Rucolablätter zum Garnieren
- 1 EL Olivenöl zum Beträufeln

Pizzette: etwa 200 Grad
Pizzette: etwa 10 Minuten

ZUBEREITUNG

- etwa 40 Minuten
- einfach

Zubereitung

- Melanzane waschen, putzen und ungeschält in Scheiben schneiden.
- In einer beschichteten Pfanne Melanzane in etwas Olivenöl braten, salzen und auskühlen lassen.
- Tomaten waschen, vierteln und klein würfeln.
- Zu den Tomaten Knoblauch, Petersilie, Basilikum, 1 Esslöffel Olivenöl geben und gut umrühren.
- Mit Salz und Pfeffer abschmecken.
- Peperoni waschen und putzen, Champignons putzen.
- Peperoni in feine Streifen und Champignons in dünne Scheiben schneiden.
- Fetakäse klein würfeln.

Fertigstellung

- Melanzanescheiben auf Backpapier legen.
- Jede Scheibe mit Rucola, ein paar Streifen Peperoni und zwei Scheiben Champignons garnieren.
- Darauf einen Teelöffel der Tomatenmischung geben.
- Mit Salz und Pfeffer abschmecken und mit Fetakäsewürfeln bestreuen.
- Mit Olivenöl beträufeln und im Backofen etwa 10 Minuten überbacken.
- Noch warm servieren.

TIPP

- Statt Champignons können Sie auch schwarze Oliven verwenden.

Melanzane-Pizzette

Zucchinisalat mit Garnelen

Für 2 Personen

MARINADE

- 3 EL Olivenöl
- ½ Zitrone, Saft
- 1 TL Petersilie, fein geschnitten
- Salz
- ½ Knoblauchzehe, fein gehackt

SALAT

- 2 kleine Zucchini
- 1 Stangensellerie-Stängel
- 300 g Garnelen
- 1 TL Cognac
- ½ Zitrone, Saft
- 1 EL Olivenöl
- Pfeffer aus der Mühle

WEITERES

- Petersilie zum Garnieren

ZUBEREITUNG

- etwa 30 Minuten + 1 Stunde zum Marinieren
- einfach

Marinade

- Olivenöl, Zitronensaft, Petersilie, Salz und Knoblauch in einer Schüssel gut vermischen und bereitstellen.

Salat

- Zucchini waschen, putzen und der Länge nach in Scheiben schneiden.
- Zucchini in eine Schüssel geben, mit der Marinade beträufeln und etwa 1 Stunde marinieren lassen.
- Stangensellerie putzen, waschen und fein würfeln.
- Garnelen aus den Schalen lösen, Darm entfernen, waschen und dampfgaren.
- In einer Schüssel Garnelen, Stangensellerie, Cognac, Zitronensaft und Olivenöl gut vermischen.
- Mit Pfeffer abschmecken.

Fertigstellung

- Die marinierten Zucchinischeiben mit den Garnelen auf Tellern anrichten.
- Mit Petersilie garnieren und servieren.

TIPP

- Sie können die Garnelen auch mit 1 Esslöffel Olivenöl in einer beschichteten Pfanne kurz dünsten.

Spinatsalat mit warmem Schinken

Für 2 Personen

DRESSING

- 2 EL Olivenöl
- 1 EL weißer Balsamicoessig
- Salz
- Pfeffer aus der Mühle
- 1 TL Peperoncino, fein gemahlen

SALAT

- 300 g Blattspinat
- 75 g gekochter Schinken
- 1 EL Olivenöl

WEITERES

- 1 Orange, geschält und filetiert, zum Garnieren

Schinken: etwa 3 Minuten

ZUBEREITUNG

- etwa 30 Minuten
- einfach

Dressing

- In einer Schüssel Olivenöl, Essig, Salz, Pfeffer und Peperoncino gut vermischen und bereitstellen.

Salat

- Blattspinat entstielen, in mundgerechte Stücke schneiden, gut waschen und trocken schleudern.
- Spinat mit dem Dressing anmachen.
- Schinken in kleine Würfel schneiden.
- In einer beschichteten Pfanne Olivenöl erhitzen und die Schinkenwürfel darin kurz anbräunen lassen.

Fertigstellung

- Warme Schinkenwürfel zum Spinatsalat geben und gut umrühren.
- Mit Orangenfilets garnieren und sofort servieren.

TIPP

- Statt des angebratenen Schinkens können Sie auch Eismeergarnelen verwenden.

Spinatsalat mit warmem Schinken

Für 2 Personen

Blattsalat mit Mandeln und Parmesan

ZUTATEN

75 g	Radicchio
75 g	Kopfsalat
2 EL	Olivenöl
	Salz
1 EL	Parmesan, gehobelt
20 g	Mandeln, fein gemahlen

ZUBEREITUNG

- etwa 20 Minuten
- einfach

Zubereitung

- Radicchio und Kopfsalat in mundgerechte Stücke schneiden und gut waschen.
- Den Salat trocken schleudern und in eine große Schüssel geben.
- Mit Olivenöl anmachen und mit Salz abschmecken.
- Die Hälfte des Parmesans und der Mandeln dazugeben und gut umrühren.

Fertigstellung

- Salat auf zwei kleine Schüsseln verteilen.
- Mit restlichem Parmesan und Mandeln garnieren und servieren.

TIPP

- Anstelle des Kopfsalats können Sie auch Vogelesalat verwenden.

Für 2 Personen

Tomaten-Eiersalat

ZUTATEN

2	Tomaten
2	gekochte Eier
40 g	gesalzene Kapern
100 g	grüne Bohnen, gekocht
1 EL	Petersilie, fein geschnitten
50 g	Thunfisch (eine kleine Dose)
2 EL	Olivenöl
1 EL	Weinessig
	Salz
	Pfeffer aus der Mühle

ZUBEREITUNG

- etwa 20 Minuten
- einfach

Zubereitung

- Tomaten waschen, in Würfel schneiden und in eine große Schüssel geben.
- Eier vierteln und bereitstellen.
- Kapern gut waschen und abtropfen.
- Grüne Bohnen, Kapern, Petersilie, Eier und Thunfisch zu den Tomaten geben und gut vermischen.

Fertigstellung

- Mit Olivenöl und Essig anmachen, mit Salz und Pfeffer abschmecken, gut umrühren und servieren.

TIPP

- Zum Salat können Sie auch gelbe, in Streifen geschnittene Peperoni geben.

Tomaten-Eiersalat

Gemüsecarpaccio

Für 2 Personen

GEMÜSECARPACCIO

- 200 g Zucchini
- 200 g Melanzane
- 2 EL Olivenöl
- 2 Tomaten

DRESSING

- 1 EL Weinessig
- ½ Zitrone, Saft
- Salz
- Pfeffer aus der Mühle
- 1 Msp. Fenchelsamen, gemahlen
- 1 TL Kümmel
- 1 Msp. Peperoncino, fein gemahlen
- 1 TL Majoran, gerebelt und getrocknet
- 1 TL Koriandersamen, im Mörser zerdrückt
- 2 EL Olivenöl
- ½ Knoblauchzehe, fein gehackt

WEITERES

- Basilikumblätter zum Garnieren
- Chilischoten zum Garnieren

Gemüse: etwa 220 Grad
Gemüse: etwa 10 Minuten

ZUBEREITUNG

- etwa 30 Minuten + 4 Stunden zum Marinieren
- einfach

Gemüsecarpaccio

- Zucchini und Melanzane waschen, putzen und in Scheiben schneiden.
- Zucchini- und Melanzanescheiben auf ein Backblech legen, mit Olivenöl bepinseln und im vorgeheizten Backofen etwa 5 Minuten grillen.
- Die Scheiben wenden, erneut mit Olivenöl bepinseln und weitere 5 Minuten grillen.
- Aus dem Backofen nehmen und auskühlen lassen.
- Tomaten waschen und in dünne Scheiben schneiden.

Dressing

- Essig mit Zitronensaft vermischen, mit Salz und Pfeffer abschmecken.
- Gewürze und Olivenöl dazugeben und gut umrühren.
- Knoblauch unterrühren.

Fertigstellung

- Gemüse auf Tellern anrichten, mit Dressing beträufeln und mit Klarsichtfolie zugedeckt etwa 4 Stunden marinieren lassen.
- Mit Basilikum und Chilischote garnieren und servieren.

TIPP

- Sie können das Carpaccio auch mit gehobeltem Parmesan und Rucola garnieren.

Zucchinicarpaccio

Für 2 Personen

ZUTATEN

- 300 g Zucchini
- 2 Zitronen, Saft
- 20 schwarze Oliven, entsteint
- 40 g gesalzene Kapern
- 1 EL Thymian, gerebelt und getrocknet
- 2 EL warmes Wasser
- Salz
- Pfeffer aus der Mühle

ZUBEREITUNG

- etwa 20 Minuten + 3 Stunden zum Marinieren
- einfach

Zubereitung

- Zucchini waschen, putzen und der Länge nach in sehr dünne Scheiben schneiden.
- In einer Form Zucchini schichtweise anordnen, jede Schicht mit dem Saft einer Zitrone beträufeln.
- Etwa 2–3 Stunden lang marinieren lassen.
- Kapern gut waschen und mit Oliven klein hacken. Thymian und Wasser dazugeben, mit Salz und Pfeffer abschmecken und gut vermischen.

Fertigstellung

- Die marinierten Zucchinischeiben abwechselnd mit gehackten Oliven und Kapern auf Tellern anrichten.
- Mit restlichem Zitronensaft beträufeln und servieren.

TIPP

- Dazu passen dünn geschnittene Rohschinkenscheiben.

Gemüsecarpaccio

Für 2 Personen

Gemüsecarpaccio mit Käse

ZUTATEN

150 g	Pecorino dolce
150 g	Zucchini
100 g	Kirschtomaten
	Salz
	Pfeffer aus der Mühle
1	Zitrone, Saft
2 EL	Olivenöl

WEITERES

Basilikumblätter zum Garnieren

ZUBEREITUNG

- etwa 30 Minuten
- einfach

Zubereitung

- Die Käserinde abschneiden und den Käse in Scheiben schneiden.
- Zucchini waschen, putzen und in sehr dünne Streifen schneiden.
- Tomaten waschen, vierteln und entkernen.
- In einer Schüssel Salz, Pfeffer und Zitronensaft gut vermischen.
- Olivenöl langsam dazugeben und gut verrühren.

Fertigstellung

- Käsescheiben auf Tellern anrichten, Zucchinistreifen und Tomatenstücke darauflegen und mit Dressing beträufeln.
- Mit Basilikumblättern garnieren und servieren.

TIPP

- Statt Pecorino dolce können Sie auch Asiago verwenden.

Für 2 Personen

Fenchelsalat
mit Gorgonzola und Walnüssen

ZUTATEN

300 g	Fenchelknolle
½	Zitrone, Saft
1 EL	weißer Weinessig
75 g	Gorgonzola
2 EL	Olivenöl
	Salz

WEITERES

40 g	Walnusskerne zum Garnieren
40 g	Granatapfelkerne zum Garnieren

ZUBEREITUNG

- etwa 20 Minuten
- einfach

Zubereitung

- Fenchel putzen, grüne Blätter entfernen und waschen.
- Die großen Teile wegschneiden und in sehr dünne Scheiben schneiden.
- In einer Schüssel Zitronensaft, Essig und Gorgonzola gut vermischen.
- Olivenöl langsam dazugeben und mit Salz würzen.

Fertigstellung

- Fenchel in eine Schüssel geben und mit dem Dressing anmachen.
- Mit Walnusskernen und Granatapfelkernen garnieren und servieren.

TIPP

- Statt Walnusskerne können Sie auch gehackte Haselnüsse verwenden.

Fenchelsalat mit Gorgonzola und Walnüssen

Frühlingssalat mit Eiern und Pancetta

Für 2 Personen

ZUTATEN

- 100 g Friséesalat
- 6 grüne Spargelspitzen
- 50 g Pancetta, in kleine Würfel geschnitten
- 2 gekochte Eier
- 1 TL Senf
- 1 TL Weißweinessig
- 1 EL Olivenöl
- Salz

Pancetta: etwa 3 Minuten

ZUBEREITUNG

- etwa 20 Minuten
- einfach

Zubereitung

- Salatblätter in mundgerechte Stücke schneiden, gut waschen und trocken schleudern.
- Spargelspitzen, waschen, kurz blanchieren und auf Küchenkrepp abtropfen lassen.
- In eine Schüssel Salat und Spargelspitzen geben.
- Pancettawürfel in einer beschichteten Pfanne anbraten, zum Salat geben und gut umrühren.
- Senf und Essig gut vermischen.
- Olivenöl langsam in das Essiggemisch rühren und mit Salz würzen.

Fertigstellung

- Eier mit einer Gabel zerdrücken und zum Salat geben.
- Mit dem Dressing anmachen und servieren.

TIPP

- Statt Spargel können Sie auch dünn geschnittene Zucchini verwenden.

Gebratener Fenchel

Für 2 Personen

ZUTATEN

- 300 g Fenchelknolle
- 20 g Butter
- Salz
- Pfeffer aus der Mühle

Fenchel: etwa 15 Minuten

ZUBEREITUNG

- etwa 25 Minuten
- einfach

Zubereitung

- Fenchel putzen, grüne Blätter entfernen und gut waschen.
- Die großen Teile wegschneiden, in Scheiben schneiden und etwa 10 Minuten in Salzwasser kochen.
- Fenchel abtropfen lassen und bereitstellen.
- In einer beschichteten Pfanne Butter erhitzen, Fenchel zugeben und kurz anbraten.

Fertigstellung

- Mit Salz und Pfeffer abschmecken und warm servieren.

TIPP

- Anstatt des Fenchels können Sie auch eine Sellerieknolle verwenden.

Gebratener Fenchel

Für 2 Personen

Gebratene Zucchini

ZUTATEN

300 g Zucchini
2 EL Olivenöl
1 Knoblauchzehe, halbiert
Salz
Pfeffer aus der Mühle
1 EL Petersilie, fein geschnitten

Zucchini: etwa 10 Minuten

ZUBEREITUNG

- etwa 30 Minuten
- einfach

Zubereitung

- Zucchini waschen, putzen und in Scheiben schneiden.
- In einer beschichteten Pfanne Olivenöl erhitzen, Knoblauch zugeben, kurz anbräunen und wieder herausnehmen.
- Zucchinischeiben in die Pfanne geben und etwa 10 Minuten braten.

Fertigstellung

- Mit Salz und Pfeffer abschmecken, mit Petersilie garnieren und warm servieren.

TIPP

- Statt Pfeffer können Sie auch eine dünn geschnittene Chilischote mitbraten.

Für 2 Personen

Broccoli mit Mandeln

ZUTATEN

500 g Broccoli
2 EL Olivenöl
1 Knoblauchzehe, halbiert
1 EL geröstete Mandelblättchen
Salz

Broccoli: etwa 10 Minuten

ZUBEREITUNG

- etwa 20 Minuten
- einfach

Zubereitung

- Broccoli putzen, trockene Stielenden abschneiden, Blätter entfernen und waschen.
- Broccoli in nicht zu große Stücke schneiden, in reichlich Salzwasser blanchieren und abseihen.
- In einer beschichteten Pfanne Olivenöl erhitzen, Knoblauch zugeben, kurz anbräunen und wieder herausnehmen.
- Broccoli in die Pfanne geben und ein paar Minuten braten lassen.

Fertigstellung

- Mandelblättchen zugeben, mit Salz würzen und sofort servieren.

TIPP

- Statt Mandelblättchen können Sie auch Pinoli verwenden.

Broccoli mit Mandeln

Kleiner bunter Vogelesalat

Für 2 Personen

ZUTATEN

300 g Champignons
2 EL Zitronensaft
100 g Vogelesalat
10 Radieschen
6 Walnüsse, gehackt
4 EL Apfelessig
2 EL Walnussöl
Salz
Pfeffer aus der Mühle

WEITERES

2 EL Schnittlauch, fein geschnitten

ZUBEREITUNG

- etwa 20 Minuten
- einfach

Zubereitung

- Champignons putzen, in dünne Scheiben schneiden und mit Zitronensaft beträufeln.
- Salat putzen, waschen und trocken schleudern.
- Radieschen putzen, waschen und in dünne Scheiben schneiden.
- In einer Schüssel Salat, Pilze, Radieschen und Walnüsse gut vermischen.
- Essig, Salz und Pfeffer gut verrühren, dann das Öl langsam einrühren, bis eine homogene Masse entsteht.

Fertigstellung

- Salat mit Dressing übergießen.
- Mit Schnittlauch bestreuen und servieren.

TIPP

- Den Vogelesalat können Sie auch durch in Streifen geschnittenen Chinakohl ersetzen.

Fenchelsalat mit Orangen

Für 2 Personen

ZUTATEN

300 g Fenchelknolle
Salz
Pfeffer aus der Mühle
2 EL Olivenöl
1 Orange
6 Walnüsse, gehackt

ZUBEREITUNG

- etwa 15 Minuten
- einfach

Zubereitung

- Fenchel putzen, grüne Blätter entfernen und waschen.
- Die großen Teile wegschneiden, in dünne Scheiben schneiden und auf Tellern anrichten.
- Mit Salz und Pfeffer abschmecken und mit Olivenöl beträufeln.

Fertigstellung

- Orange schälen, filetieren und auf den Fenchel geben.
- Mit Walnüssen garnieren und servieren.

TIPP

- Statt Orangenfilets können Sie auch Lauchstreifen verwenden.

Fenchelsalat mit Orangen

Für 2 Personen

Lachs auf Spargelbett

ROTWEINBUTTER

1	Schalotte, fein geschnitten
120 ml	Rotwein
2 EL	Balsamicoessig
2	frische Thymianzweige
60 g	weiche Butter
	Pfeffer aus der Mühle

LACHS AUF SPARGEL

1 Bund	grüner Spargel
2	Lachsfilets zu je 150 g
2 EL	Olivenöl
	Salz
	Pfeffer aus der Mühle

Rotweinbutter: etwa 10 Minuten
Spargel: etwa 15 Minuten
Lachsfilets: 6–10 Minuten

ZUBEREITUNG

- etwa 40 Minuten + Kühlzeit
- einfach

Rotweinbutter

- In einem Topf Schalottenwürfel, Rotwein und Balsamicoessig bei mittlerer Hitze etwa 10 Minuten köcheln lassen.
- Topf vom Herd nehmen und auskühlen lassen.
- Thymianblätter abzupfen, mit Butter und Pfeffer zur Rotweinreduktion geben und gut vermischen.
- Die Buttermasse in einen Plastikbeutel füllen, verschließen und etwa 30 Minuten im Kühlschrank kalt stellen.

Lachs auf Spargel

- Spargel putzen – wenn die Schale sehr dick ist, eventuell schälen –, waschen und in Salzwasser bei mäßiger Hitze 15 Minuten kochen.
- Abtropfen lassen und bereitstellen.
- Lachsfilets mit Olivenöl bestreichen, mit Salz und Pfeffer abschmecken, in einer beschichteten Pfanne auf beiden Seiten anbraten und noch 2–3 Minuten fertig garen.

Fertigstellung

- Spargel und Lachsfilets auf Tellern anrichten.
- Mit jeweils einem Stück Rotweinbutter servieren.

TIPPS

- Spargel können Sie auch im Dampfgarer kochen.
- Der Lachs sollte in der Mitte leicht rosa sein: Auf diese Weise bleibt er saftig.

Für 2 Personen

Goldbrasse mit Zitrone

ZUTATEN

2	Goldbrassen zu je 300 g
	Salz
	Pfeffer aus der Mühle
½	Knoblauchzehe, fein gehackt
1 EL	Fenchel, fein geschnitten
4	Lorbeerblätter
2	Rosmarinzweige
6	Zitronenscheiben
	Olivenöl zum Beträufeln

Goldbrasse: etwa 200 Grad
Goldbrasse: etwa 20 Minuten

ZUBEREITUNG

- etwa 40 Minuten
- einfach

Zubereitung

- Goldbrassen schuppen, putzen, Kiemen und Flossen entfernen, ausnehmen und waschen.
- Fisch auf ein mit Backpapier belegtes Blech legen.
- Mit Salz und Pfeffer abschmecken, mit Knoblauch, Fenchel und Lorbeerblättern bestreuen.
- Einen Rosmarinzweig auf jede Goldbrasse legen.
- Mit Zitronenscheiben bedecken, mit Olivenöl beträufeln und im vorgeheizten Backofen garen.

Fertigstellung

- Goldbrassen auf Tellern anrichten und warm servieren.

TIPPS

- Statt Backpapier können Sie auch Alufolie verwenden.
- Sie können den Fisch auch filetieren.

Lachs auf Spargelbett

Für 2 Personen

Provoloneschnitzel

ZUTATEN

300 g	Provolone, in 2 Scheiben geschnitten
1	Ei
	Salz
	Pfeffer aus der Mühle
50 g	Semmelbrösel
1 EL	Olivenöl

Schnitzel: etwa 5 Minuten

ZUBEREITUNG

- etwa 10 Minuten
- einfach

Zubereitung

- Käserinde abschneiden.
- Ei in einer Schüssel mit einer Gabel aufschlagen, mit Salz und Pfeffer abschmecken.
- Käsescheiben durch das Ei ziehen und in Semmelbröseln wälzen.
- In einer Pfanne Olivenöl erhitzen und die Schnitzel auf beiden Seiten braten.

Fertigstellung

- Auf Küchenkrepp abtropfen lassen und warm servieren.

TIPPS

- Dazu servieren Sie einen grünen Salat.
- Statt Provolone können Sie auch Scamorza verwenden.

Für 2 Personen

Mozzarella in Tomatensauce

ZUTATEN

1	Knoblauchzehe
150 g	Kirschtomaten
2 EL	Olivenöl
1 EL	Oregano
	Salz
125 g	Mozzarella

Sauce: etwa 10 Minuten

ZUBEREITUNG

- etwa 20 Minuten
- einfach

Zubereitung

- Knoblauch schälen und in dünne Scheiben schneiden.
- Kirschtomaten waschen und halbieren.
- In einer beschichteten Pfanne Olivenöl mit Knoblauch erhitzen, Tomaten dazugeben und etwa 10 Minuten garen.
- Mit Oregano und Salz würzen.

Fertigstellung

- Mozzarella in 2 cm dicke Scheiben schneiden, in die Sauce geben und vorsichtig wenden.
- Mozzarella mit der Sauce servieren.

TIPP

- Dazu passen gebratene oder gegrillte Melanzane.

Provoloneschnitzel

Scharfer Grillkäse

Für 2 Personen

ZUTATEN

1 Knoblauchzehe
4 kleine Grillkäse (Tomini)
2 Msp. Chilipulver
Olivenöl
2 EL Essig
Salz

Marinade Grillkäse: etwa 12 Stunden Kühlzeit

ZUBEREITUNG

- etwa 10 Minuten
- einfach

Zubereitung

- Knoblauch schälen und in dünne Scheiben schneiden.
- Grillkäse in einen Behälter mit Deckel legen, mit Knoblauch belegen und mit Chilipulver bestreuen.
- Olivenöl und Essig in einer Schüssel verrühren und mit Salz abschmecken.
- Die Vinaigrette über die Käse gießen – sie müssen komplett bedeckt sein.
- Behälter zugedeckt im Kühlschrank ziehen lassen. Je länger die Käse ziehen können, umso intensiver übernehmen sie den Geschmack der Vinaigrette.

Fertigstellung

- Grillkäse im Behälter als Antipasto servieren.

TIPP

- Am Vortag zubereitet, schmecken die Tomini besser.

Grillkäse im Backpapier

Für 2 Personen

ZUTATEN

250 g Kirschtomaten
4 kleine Grillkäse (Tomini)
2 EL Olivenöl
Salz
1 TL Majoran, gerebelt und getrocknet

etwa 200 Grad
etwa 10 Minuten

ZUBEREITUNG

- etwa 30 Minuten
- einfach

Zubereitung

- Vier Backpapierblätter (22 × 37 cm) in eine Form oder auf ein Backblech legen, die Ränder nach oben falten, um ein Säckchen zu formen.
- Kirschtomaten vierteln und auf die Backpapierblätter verteilen.
- Auf die Tomaten jeweils einen Käse legen und mit Olivenöl, Salz und Majoran würzen.
- Backpapier mit Küchengarn zu einem Säckchen binden.
- Im vorgeheizten Backofen etwa 10 Minuten garen.

Fertigstellung

- Aus dem Backofen nehmen und warm servieren.

TIPP

- Statt Majoran können Sie auch gerebeltes und getrocknetes Basilikum verwenden.

Grillkäse im Backpapier

Für 2 Personen

ZUTATEN

- 6 Jakobsmuscheln
- 50 ml Weißwein
- 2 EL Sauerrahm
- Salz
- Pfeffer aus der Mühle
- 100 g Champignons
- 20 g Butter zum Anbraten
- ½ Zitrone, Saft
- 2 EL Wasser
- 2 EL Olivenöl
- 1 EL Petersilie, fein geschnitten

Jakobsmuscheln: etwa 10 Minuten
Champignons: etwa 5 Minuten

etwa 200 Grad
etwa 3 Minuten

ZUBEREITUNG

- etwa 45 Minuten
- einfach

Jakobsmuscheln mit Champignons

Zubereitung

- Jakobsmuscheln öffnen, Fleisch aus der Schale schneiden, gut waschen und abtropfen lassen.
- In einen Topf Jakobsmuscheln, Wein und Sauerrahm geben, mit Salz und Pfeffer würzen und bei mäßiger Hitze etwa 10 Minuten garen.
- Champignons putzen und in dünne Scheiben schneiden.
- In eine beschichtete Pfanne Butter, Zitronensaft und 2 Esslöffel Wasser geben.
- Champignons darin unter ständigem Rühren etwa 5 Minuten braten.

Fertigstellung

- Muschelschalen gut waschen und in eine feuerfeste Form legen.
- Champignons auf die Muschelschalen verteilen und Jakobsmuscheln auf die Pilze setzen.
- Mit Olivenöl beträufeln, mit Petersilie bestreuen und im vorgeheizten Backofen backen.
- In der Form warm servieren.

Für 2 Personen

ZUTATEN

- 2 Schwertfischscheiben zu je 150 g
- Salz
- Pfeffer aus der Mühle
- 1 EL Olivenöl
- 1 EL Petersilie, fein geschnitten
- 1 Knoblauchzehe, fein gehackt
- 1 Zitrone
- 1 EL Olivenöl zum Beträufeln

Schwertfisch: etwa 200 Grad
Schwertfisch: etwa 10 Minuten

ZUBEREITUNG

- etwa 20 Minuten
- einfach

Schwertfisch in der Papierhülle

Zubereitung

- Schwertfischscheiben mit Salz und Pfeffer würzen.
- Backpapier mit Olivenöl bestreichen.
- Schwertfischscheiben auf das Backpapier legen und mit Petersilie und Knoblauch bestreuen.
- Zitrone in dünne Scheiben schneiden und auf den Fisch legen.
- Mit Olivenöl beträufeln.
- Papierränder umknicken und als Päckchen verschließen.
- Im vorgeheizten Backofen backen.

Fertigstellung

- Schwertfisch in den Papierhüllen servieren und erst am Tisch auspacken.

TIPPS

- Sie können den Schwertfisch auch in einer beschichteten Pfanne braten.
- Statt Backpapier können Sie auch Alufolie verwenden.

Jakobsmuscheln mit Champignons

Seeteufel in der Papierhülle

Für 2 Personen

ZUTATEN

- 2 Seeteufelfilets zu je 150 g
- Salz
- Pfeffer aus der Mühle
- 50 g geräucherte Pancetta (Bauchspeck), in zwei Scheiben geschnitten
- 1 EL Olivenöl
- 1 EL Petersilie, fein geschnitten
- 4 Salbeiblätter
- 1 EL Rosmarin, geschnitten und getrocknet

WEITERES

- 25 g Butter
- 1 EL Sardellenpaste

Seeteufel: 180 – 200 Grad
Seeteufel: etwa 15 Minuten

ZUBEREITUNG

- etwa 25 Minuten
- einfach

Zubereitung

- Seeteufelfilets mit Salz und Pfeffer würzen.
- Backpapier mit Olivenöl bestreichen und jeweils eine Scheibe Pancetta darauflegen.
- Seeteufelfilets auf die Pancetta legen und mit Salbeiblättern und Rosmarin bestreuen.
- Papierränder umknicken und als Päckchen verschließen.
- Im vorgeheizten Backofen garen.

Fertigstellung

- In einer Schüssel Butter und Sardellenpaste gut vermischen, bis die Masse cremig wird.
- Seeteufelfilets aus dem Backofen nehmen und Papierhüllen öffnen.
- Fisch mit der Sardellen-Buttercreme bestreichen und servieren.

TIPPS

- Statt Seeteufel können Sie auch Steinbutt verwenden.
- Als Beilage servieren Sie gebratene Artischocken.
- Statt Backpapier können Sie auch Alufolie verwenden.

Kabeljau mit Zucchini

Für 2 Personen

ZUTATEN

- 2 Kabeljaufilets zu je 150 g
- 1 Zitrone, Saft
- 150 g Zucchini
- 1 EL Olivenöl
- ½ Knoblauchzehe, fein gehackt
- Salz
- 1 EL Petersilie, fein geschnitten

Zucchini: etwa 5 Minuten
Kabeljau: etwa 5 Minuten

ZUBEREITUNG

- etwa 20 Minuten + 15 Minuten zum Marinieren
- einfach

Zubereitung

- Kabeljaufilets in eine Form geben, mit der Hälfte des Zitronensafts beträufeln und 15 Minuten marinieren.
- Zucchini putzen, waschen und klein würfeln.
- In eine beschichtete Pfanne Olivenöl und Knoblauch geben und erhitzen.
- Zucchini dazugeben und anbraten.
- Zucchini aus der Pfanne nehmen und bereitstellen.
- In der gleichen Pfanne Kabeljaufilets auf beiden Seiten 2–3 Minuten braten.
- Mit Salz würzen und Zucchini wieder in die Pfanne geben.
- Mit restlichem Zitronensaft ablöschen und fertig garen.

Fertigstellung

- Kabeljaufilets auf Tellern anrichten, mit Petersilie bestreuen und warm servieren.

TIPP

- Statt Kabeljau können Sie auch Seehecht verwenden.

Seeteufel in der Papierhülle

Für 2 Personen

Gebratene Lachsforelle mit Gewürzen

ZUTATEN

2	Lachsforellenfilets zu je 150 g
1 EL	Olivenöl
	Salz
	Pfeffer aus der Mühle
1 EL	Petersilie, fein geschnitten
1 EL	Thymian, gerebelt und getrocknet
1 EL	Estragon, gerebelt und getrocknet
1 EL	Fenchelsamen, gerebelt und getrocknet
1 EL	Olivenöl zum Braten

Lachsforelle: 6 – 10 Minuten

ZUBEREITUNG

- etwa 15 Minuten
- einfach

Zubereitung

- Lachsforellenfilets mit Salz und Pfeffer würzen, mit Olivenöl beträufeln und mit der Hälfte der Gewürze bestreuen.
- In eine beschichtete Pfanne Olivenöl geben und erwärmen.
- Lachsforellenfilets in die Pfanne geben und auf beiden Seiten braten.

Fertigstellung

- Lachsforellenfilets aus der Pfanne nehmen und auf Küchenkrepp abtropfen lassen.
- Mit den Gewürzen bestreuen, auf Tellern anrichten und warm servieren.

TIPP

- Statt Lachsforellen können Sie auch andere Forellen verwenden.

Für 2 Personen

Seehecht mit Salbei

ZUTATEN

20 g	Butter zum Braten
1 EL	Salbei, geschnitten und getrocknet
2	Seehechtscheiben zu je 150 g
	Salz
6	Salbeiblätter

Seehecht: 5 – 6 Minuten

ZUBEREITUNG

- etwa 15 Minuten
- einfach

Zubereitung

- In eine beschichtete Pfanne Butter und Salbei geben und erhitzen.
- Seehechtscheiben darin bei mittlerer Hitze auf beiden Seiten kurz anbraten und fertig garen.

Fertigstellung

- Seehechtscheiben auf Tellern anrichten, mit Salbeiblättern garnieren und warm servieren.

TIPP

- Statt Seehechtscheiben können Sie auch Seezungenfilets verwenden.

Gebratene Lachsforelle mit Gewürzen

Goldbrasse mit Kirschtomaten
in der Papierhülle

Für 2 Personen

ZUTATEN

- 2 Goldbrassen zu je 300 g
- 100 g Kirschtomaten
- 1 kleine Zwiebel, fein geschnitten
- 2 EL Olivenöl
- 1 EL Petersilie, fein geschnitten
- Salz
- Pfeffer aus der Mühle

WEITERES

- 1 EL Olivenöl für das Backpapier

Goldbrasse: etwa 180 Grad
Goldbrasse: 20–25 Minuten

ZUBEREITUNG

- etwa 50 Minuten
- einfach

Zubereitung

- Goldbrassen schuppen, putzen, Kiemen und Flossen entfernen, ausnehmen und waschen.
- Kirschtomaten waschen und vierteln.
- In eine Schüssel Kirschtomaten, Zwiebelwürfel, Olivenöl und Petersilie geben.
- Mit Salz und Pfeffer würzen und gut vermischen.
- Backpapier mit Olivenöl bestreichen.
- Die Fische mit einem Drittel der Tomatenmasse füllen.
- Das zweite Drittel der Tomatenmasse auf jedes Backpapier geben und die Goldbrassen darauflegen.
- Das restliche Drittel auf den Fischen verteilen.
- Papierränder umknicken und als Päckchen verschließen.
- Im vorgeheizten Backofen garen.

Fertigstellung

- Goldbrassen in den Papierhüllen servieren und erst am Tisch auspacken.

TIPP

- Statt Backpapier können Sie auch Alufolie verwenden.

Goldbrasse mit Oliven

Für 2 Personen

ZUTATEN

- 2 Goldbrassen zu je 300 g
- 30 g schwarze Oliven, entsteint
- 30 g grüne Oliven, entsteint
- 1 Peperoncino
- ½ Knoblauchzehe, fein gehackt
- 1 TL Salbei, fein geschnitten
- 1 EL Petersilie, fein geschnitten
- 1 EL Rosmarin, geschnitten und getrocknet
- Salz
- Pfeffer aus der Mühle
- 2 Lorbeerblätter
- 1 EL Weinessig
- 2 EL Olivenöl
- 8 schwarze Oliven, ensteint

Goldbrasse: etwa 170 Grad
Goldbrasse: etwa 25 Minuten

ZUBEREITUNG

- etwa 40 Minuten
- einfach

Zubereitung

- Goldbrassen schuppen, putzen, Kiemen und Flossen entfernen, ausnehmen und waschen.
- Oliven und Peperoncino fein schneiden, in eine Schüssel mit Knoblauch, Salbei, Petersilie und Rosmarin geben und gut umrühren.
- Das Innere der Goldbrassen mit Salz und Pfeffer würzen und mit der Hälfte der Gewürz-Mischung füllen.
- Goldbrassen mit Küchengarn und jeweils einem Lorbeerblatt verschließen.
- Goldbrassen in eine feuerfeste Form legen, mit Essig und Olivenöl beträufeln und die restliche Gewürzmischung darauf verteilen.
- Schwarze Oliven darüberstreuen und im vorgeheizten Backofen garen.

Fertigstellung

- Goldbrassen auf Tellern anrichten und warm servieren.

TIPP

- Statt Goldbrasse können Sie auch Meerbarbe verwenden.

Goldbrasse mit Oliven

Für 2 Personen

Tintenfisch im Sud

ZUTATEN

- 500 g Tintenfisch
- 2 EL Olivenöl zum Braten
- 2 Knoblauchzehen
- 1 kleine Zwiebel, fein geschnitten
- 100 ml Weißwein
- Salz
- 1 Msp. Peperoncino
- 3 EL Petersilie, fein geschnitten

Tintenfisch: etwa 10 Minuten

ZUBEREITUNG

- etwa 30 Minuten
- einfach

Zubereitung

- Vom Tintenfisch Kopf und Fischbein entfernen, putzen, Haut abziehen, waschen, trocken tupfen und in Streifen schneiden.
- In einer beschichteten Pfanne Olivenöl erhitzen und Knoblauch und Zwiebelwürfel kurz darin anbraten.
- Knoblauchzehen herausnehmen, Tintenfisch dazugeben und 2–3 Minuten braten.
- Mit Weißwein übergießen.
- Mit Salz und Peperoncino abschmecken und den Sud 5 Minuten einkochen lassen.

Fertigstellung

- Tintenfisch auf Tellern anrichten, mit Petersilie garnieren und warm servieren.

TIPP

- Zum Sud können Sie auch fein geschnittenen Stangensellerie und gewürfelte Kirschtomaten geben.

Für 2 Personen

Seezunge nach Müllerinart

ZUTATEN

- 2 Seezungenfilets zu je 150 g
- Mehl zum Wenden
- 30 g Butter zum Braten
- Salz
- 1 EL Petersilie, fein geschnitten
- 1 EL Zitronensaft
- 2 Zitronenscheiben

Seezunge: etwa 6 Minuten

ZUBEREITUNG

- etwa 15 Minuten
- einfach

Zubereitung

- Seezungenfilets in Mehl wenden.
- In einer beschichteten Pfanne Butter erhitzen und Seezungenfilets darin auf beiden Seiten braten.
- Mit Salz abschmecken.

Fertigstellung

- Seezungenfilets auf Tellern anrichten, mit Petersilie bestreuen und mit Zitronensaft beträufeln.
- Mit Zitronenscheiben garnieren und servieren.

TIPP

- Statt Seezungenfilets können Sie auch Lachs- oder Forellenfilets verwenden.

Tintenfisch im Sud

Für 2 Personen

Schnelles Thunfischgulasch

ZUTATEN

- 2 Thunfischfilets zu je 200 g
- 2 EL Olivenöl zum Braten
- 2 kleine Zwiebel, fein geschnitten
- 2 Lorbeerblätter
- 2 EL Weinessig
- 150 g Kirschtomaten
- Salz
- Pfeffer aus der Mühle

Thunfischgulasch: etwa 10 Minuten

ZUBEREITUNG

- etwa 20 Minuten
- einfach

Zubereitung

- Thunfischfilets in 2 cm große Würfel schneiden.
- Olivenöl in einer beschichteten Pfanne erhitzen und Zwiebelwürfel darin anschwitzen.
- Thunfisch und Lorbeerblätter dazugeben und etwa 5 Minuten anbraten.
- Mit Essig ablöschen.
- Tomaten waschen, vierteln und zum Thunfisch geben.
- Mit Salz und Pfeffer würzen und fertig garen.

Fertigstellung

- Lorbeerblätter entfernen, Thunfischgulasch auf Tellern anrichten und warm servieren.

TIPP

- Statt Thunfischfilets können Sie Schwertfischfilets verwenden.

Für 2 Personen

Thunfisch mit Honig

DRESSING

- 3 EL Olivenöl
- 1 TL Peperoncino
- 1 TL Honig
- ½ Zitrone, Saft
- 1 EL Schnittlauch, fein geschnitten
- Salz

THUNFISCH

- 400 g Thunfischfilet, in einem Stück
- 1 EL Olivenöl zum Braten

Thunfisch: etwa 15 Minuten

ZUBEREITUNG

- etwa 30 Minuten
- einfach

Dressing

- In einer Schüssel Olivenöl, Peperoncino, Honig, Zitronensaft und Schnittlauch gut vermischen, mit Salz würzen und bereitstellen.

Thunfisch

- In einer beschichteten Pfanne Olivenöl erhitzen, Thunfisch darin auf beiden Seiten kurz anbraten und etwa 10 Minuten fertig garen.

Fertigstellung

- Thunfisch in dicke Scheiben schneiden, auf Tellern anrichten, mit dem Dressing übergießen und servieren.

TIPP

- Zum Thunfisch servieren Sie als Beilage geschmorten Chicorée.

Thunfisch mit Honig

Thunfisch mit geröstetem Sesam

Für 2 Personen

ZUTATEN

2	Thunfischscheiben zu je 200 g
2 EL	Olivenöl
4 EL	gerösteter Sesam
2 EL	Olivenöl zum Braten

WEITERES

	Rucola zum Garnieren
1 EL	Olivenöl
1 EL	Zitrone, Saft

Thunfisch: etwa 6 Minuten

ZUBEREITUNG

- etwa 30 Minuten
- einfach

Zubereitung

- Thunfisch mit Olivenöl bestreichen.
- Sesam auf einen Teller geben und Thunfisch darin wenden.
- In einer beschichteten Pfanne Olivenöl erhitzen und Thunfisch darin etwa 6 Minuten anbraten.

Fertigstellung

- Rucola putzen, waschen, in mundgerechte Stücke reißen und in eine Schüssel geben.
- Rucola mit etwas Olivenöl und Zitronensaft anmachen und auf einen Teller geben.
- Thunfisch in dünne Scheiben schneiden, auf das Rucolabett legen und servieren.

TIPP

- Statt Thunfisch können Sie auch Schwertfisch verwenden.

Thunfischtatar

Für 2 Personen

ZUTATEN

200 g	Thunfischfilet
1 EL	gesalzene Kapern
1 TL	Schnittlauch, fein geschnitten
1	kleine Zwiebel, fein geschnitten
1 EL	Olivenöl
½	Zitrone, Saft
	Salz
	Pfeffer aus der Mühle
1 Msp.	Peperoncino

ZUBEREITUNG

- etwa 15 Minuten
- einfach

Zubereitung

- Thunfischfilet in kleine Würfel schneiden und in eine Schüssel geben.
- Kapern gut waschen, trocknen, klein hacken und zu den Thunfischwürfeln geben.
- Schnittlauch und Zwiebelwürfel dazugeben und gut vermischen.

Fertigstellung

- Mit Olivenöl und Zitronensaft anmachen und mit Salz, Pfeffer und Peperoncino würzen.
- Auf Tellern anrichten und servieren.

TIPPS

- Sie können die Teller mit feinen Gurkenscheiben garnieren.
- Das Thunfischtatar können Sie mithilfe eines Metallringes formen.

Thunfisch mit geröstetem Sesam

Marinierte Miesmuscheln

Für 2 Personen

ZUTATEN

600 g	Miesmuscheln
3	Knoblauchzehen
100 ml	Weißwein
2 EL	Petersilie, fein geschnitten

WEITERES

1	Zitrone zum Garnieren, in dünne Scheiben geschnitten

Miesmuscheln: etwa 5 Minuten

ZUBEREITUNG

- etwa 30 Minuten
- einfach

Zubereitung

- Miesmuscheln unter fließendem kalten Wasser gründlich abbürsten, die Bärte entfernen und offene Muscheln wegwerfen.
- In einen hohen Topf Wasser füllen, Muscheln, Knoblauchzehen und Weißwein dazugeben.
- Muscheln zugedeckt etwa 5 Minuten garen, bis sie sich öffnen.
- Muscheln abseihen und die eine Hälfte der Schale entfernen.

Fertigstellung

- Miesmuscheln auf Tellern anrichten, mit Petersilie bestreuen, mit Zitronenscheiben garnieren und servieren.

TIPP

- Muscheln, die sich beim Garen nicht öffnen, nicht verwenden.

Schwertfisch
mit Pesto aus Kapern und Tomaten

Für 2 Personen

ZUTATEN

2	Schwertfischscheiben zu je 150 g
2 EL	Olivenöl
2	getrocknete Tomaten, fein geschnitten
½ EL	Pinoli, gemahlen
½ EL	Mandeln, fein gemahlen
½ EL	Kapern, fein geschnitten
½	Kochlauchzehe, fein gehackt
	Salz
100 ml	Weißwein

Schwertfisch: etwa 180 Grad

Schwertfisch: etwa 20 Minuten

ZUBEREITUNG

- etwa 30 Minuten
- einfach

Zubereitung

- Schwertfischscheiben waschen und gut abtrocknen.
- Eine feuerfeste Form mit 1 Esslöffel Olivenöl einfetten und Schwertfischscheiben hineinlegen.
- Getrocknete Tomaten, Pinoli, Mandeln, Kapern und Knoblauch in eine Schüssel geben, gut verrühren und mit Salz würzen.
- Schwertfischscheiben mit der Gewürzmischung bestreichen und mit dem restlichen Olivenöl beträufeln.
- Im vorgeheizten Backofen garen.
- Nach 10 Minuten mit Weißwein übergießen und fertig garen.

Fertigstellung

- Schwertfischscheiben in der Form servieren.

TIPP

- Anstelle des Schwertfisches können Sie auch Thunfisch verwenden.

Marinierte Miesmuscheln

Für 2 Personen

Schmackhafte Seezunge

ZUTATEN

2	Seezungenfilets, zu je 150 g
	Mehl zum Wenden
1 EL	Oregano, gerebelt und getrocknet
1 EL	Petersilie, fein geschnitten
½	Knoblauchzehe, fein gehackt
	Butter zum Braten
70 ml	Sekt
	Salz
	Pfeffer aus der Mühle
4	Lorbeerblätter

Seezunge: etwa 15 Minuten

ZUBEREITUNG

- etwa 30 Minuten
- einfach

Zubereitung

- Seezungenfilets in Mehl wenden.
- In einer Schüssel Oregano, Petersilie und Knoblauch gut vermischen und damit die Seezungenfilets bestreuen.
- Butter in einer Pfanne erhitzen, Seezungenfilets darin auf beiden Seiten kurz anbraten und mit Sekt ablöschen.
- Mit Salz und Pfeffer würzen, Lorbeerblätter zugeben und zugedeckt etwa 10 Minuten fertig garen.

Fertigstellung

- Seezungenfilets auf Tellern anrichten und warm servieren.

TIPP

- Statt Sekt können Sie auch Weißwein verwenden.

Für 2 Personen

Garnelen mit Sesam

ZUTATEN

20	Garnelen
150 g	Champignons
2 EL	Olivenöl zum Braten
2 EL	Sesam
2 EL	Sherry
2 EL	Petersilie, fein geschnitten
1 EL	Zitronensaft

Garnelen: etwa 10 Minuten

ZUBEREITUNG

- etwa 30 Minuten
- einfach

Zubereitung

- Garnelen aus der Schale brechen, den Darm entfernen, waschen und bereitstellen.
- Champignons putzen und würfeln.
- In einer beschichteten Pfanne Olivenöl erhitzen und Champignons kurz darin anbraten.
- Garnelen und Sesam zu den Champignons geben und bei mäßiger Hitze und unter ständigem Rühren fertig garen.
- Mit Sherry ablöschen.

Fertigstellung

- Garnelen auf Tellern anrichten, mit Petersilie bestreuen, mit Zitronensaft beträufeln und warm servieren.

TIPPS

- Garnelen nicht zu stark anbraten.
- Statt Sherry können Sie auch Cognac verwenden.

Schmackhafte Seezunge

Lachstatar mit Kapern

Für 2 Personen

ZUTATEN

- 2 Lachsfilets zu je 100 g
- 2 EL gesalzene Kapern, fein geschnitten
- ½ Zwiebel, fein geschnitten
- 1 EL Schnittlauch, fein geschnitten
- 1 Zitrone, Saft
- 2 EL Olivenöl
- Salz
- Pfeffer aus der Mühle

WEITERES

Brunnenkresseblätter zum Garnieren

ZUBEREITUNG

- etwa 15 Minuten
- einfach

Zubereitung

- Lachsfilets in kleine Würfel schneiden und in eine Schüssel geben.
- Kapern, Zwiebelwürfel und Schnittlauch dazugeben.
- Mit Zitronensaft und Olivenöl anmachen und mit Salz und Pfeffer würzen.

Fertigstellung

- Lachstatar mit einem Löffel zu Nocken formen oder mithilfe eines Metallringes in Form bringen.
- Auf Tellern anrichten, mit Brunnenkresse garnieren und servieren.

TIPPS

- Das Lachstatar können Sie auch mit Gurken oder Fenchel servieren.
- Statt Brunnenkresse können Sie Petersilie verwenden.

Meeresfrüchtesalat

Für 2 Personen

ZUTATEN

- 100 g Kalmare
- 100 g Miesmuscheln
- 100 g Venusmuscheln
- 3 EL Olivenöl
- 30 ml Weißwein
- ½ Zitrone, Saft
- Salz
- Pfeffer aus der Mühle

WEITERES

Petersilie zum Garnieren, fein geschnitten

- Kalmare: etwa 2 Minuten
- Muscheln: 6 – 8 Minuten

ZUBEREITUNG

- etwa 30 Minuten + Ruhezeit
- einfach

Zubereitung

- Kalmare ausnehmen, häuten, waschen, in einen Topf geben und in Salzwasser kurz kochen.
- Abseihen, gut abtrocknen und in Ringe schneiden.
- Miesmuscheln unter fließendem kalten Wasser gründlich abbürsten, Bärte entfernen und offene Muscheln wegwerfen.
- Venusmuscheln waschen, offene Muscheln wegwerfen.
- In einer beschichteten Pfanne 1 Esslöffel Olivenöl erhitzen, Mies- und Venusmuscheln dazugeben, mit Weißwein ablöschen und kurz anbraten, sodass sie sich öffnen, geschlossene Muscheln nicht verwenden.

Fertigstellung

- Muscheln und Kalmare auf Tellern anrichten, mit restlichem Olivenöl und Zitronensaft beträufeln, mit Salz und Pfeffer würzen und 1 Stunde ruhen lassen.
- Kurz vor dem Servieren mit Petersilie garnieren.

TIPPS

- Zum Meeresfrüchtesalat können Sie auch Tomatenwürfel und Peperonistreifen geben.
- Die Muschelschalen können Sie zum Garnieren verwenden.

Lachstatar mit Kapern

Für 2 Personen

Seehecht mit Fenchel

ZUTATEN

3	Seehechtfilets zu je 150 g
1 Msp.	Peperoncino
	Pfeffer aus der Mühle
1	großer Fenchel

SAUCE

1	Eigelb
1	unbehandelte Orange, Saft und Schale
50 g	Joghurt
	Salz
	Pfeffer aus der Mühle
½	Zitrone, Saft
1 Msp.	Peperoncino

WEITERES

½ Kopf	Friséesalat

Seehecht mit Fenchel: etwa 20 Minuten

Sauce: etwa 5 Minuten

ZUBEREITUNG

- etwa 40 Minuten
- einfach

Seehecht mit Fenchel

- Seehechtfilets mit Peperoncino und Pfeffer würzen.
- Fenchel putzen, waschen, in kleine Stücke schneiden und 15 Minuten dampfgaren.
- In den letzten 5 Minuten Seehechtfilets dazugeben und fertig garen.
- Aus dem Dampfgarer nehmen und auskühlen lassen.

Sauce

- In einem kleinen Topf Eigelb und Orangensaft bei mäßiger Hitze köcheln lassen.
- Joghurt dazugeben und umrühren.
- Sauce vom Herd nehmen und mit Salz und Pfeffer würzen.
- Orangenschalen in dünne Streifen schneiden, zusammen mit Zitronensaft zur Sauce geben und gut vermischen.
- Mit Peperoncino abschmecken.

Fertigstellung

- Friséesalat putzen, in mundgerechte Stücke schneiden, waschen und trocken schleudern.
- In eine große Schüssel Salat und Seehechtfilets mit Fenchel geben.
- Mit der warmen Sauce servieren.

TIPP

- Statt Seehecht können Sie auch Seelachs verwenden.

Seehecht mit Fenchel

Für 2 Personen

Hühnerbrust mit Parmesan

ZUTATEN

300 g	Hühnerbrust
50 ml	Weißwein
2 EL	verschiedene frische Kräuter, zerkleinert
1	Ei zum Panieren
2 EL	Parmesan, gerieben, zum Panieren
50 g	Brotbrösel zum Panieren
30 g	Parmesan, gehobelt, zum Bestreuen
20 g	Butter
	Salz
	Pfeffer aus der Mühle

Hühnerbrust: etwa 5 Minuten

ZUBEREITUNG

- etwa 25 Minuten + 10 Minuten zum Marinieren
- einfach

Zubereitung

- Hühnerbrust mit einem Messer von Sehnen und Fett befreien und halbieren.
- Hühnerbrust in eine Form geben und mit Weißwein und Kräutern etwa 10 Minuten marinieren.
- Ei in einer Schüssel mit Salz aufschlagen.
- Hühnerbrust auf einem Küchenkrepp gut abtropfen lassen.
- Parmesan und Brotbrösel in zwei Teller geben.
- Hühnerbrust in Parmesan wenden, durch das Ei ziehen und mit Brotbröseln panieren.
- Butter in einer beschichteten Pfanne erhitzen, Hühnerbrust dazugeben und beidseitig anbräunen.
- Mit Salz und Pfeffer würzen.

Fertigstellung

- Hühnerbrust auf Tellern anrichten, mit gehobeltem Parmesan bestreuen und warm servieren.

TIPP

- Statt Brotbrösel können Sie zum Panieren auch Mandelblättchen verwenden.

Für 2 Personen

Hühnerbrust mit Artischocken

ZUTATEN

300 g	Hühnerbrust
2 EL	Olivenöl
	Salz
2	Artischockenböden
50 ml	Weißwein

Hühnerbrust: etwa 20 Minuten

ZUBEREITUNG

- etwa 30 Minuten
- einfach

Zubereitung

- Hühnerbrust mit einem Messer von Sehnen und Fett befreien und halbieren.
- In einer beschichteten Pfanne Olivenöl erhitzen, Hühnerbrust dazugeben, anbräunen und mit Salz würzen.
- Artischockenböden in dünne Scheiben schneiden, zur Hühnerbrust geben und kurz anbraten.
- Mit Weißwein ablöschen.
- Etwa 10 Minuten garen lassen, eventuell Wasser dazugeben.

Fertigstellung

- Hühnerbrust auf Tellern anrichten und warm servieren.

TIPP

- Zum Garnieren können Sie frische Kräuter wie Petersilie, Thymian, Minze oder Sauerampfer verwenden.

Hühnerbrust mit Parmesan

Für 2 Personen

Mandelhühnerbrust im Wok

ZUTATEN

300 g Hühnerbrust
Salz
Pfeffer aus der Mühle
50 g Stärkemehl
1 kleine Zwiebel
3 EL Olivenöl
1 EL Ingwer, gemahlen
75 g Mandeln, geröstet und geschält
1 EL Sojasauce

Hühnerbrust: etwa 25 Minuten

ZUBEREITUNG

- etwa 35 Minuten
- einfach

Zubereitung

- Hühnerbrust mit einem Messer von Sehnen und Fett befreien und in kleine Stücke schneiden.
- Mit Salz und Pfeffer würzen und in Stärkemehl wenden.
- Zwiebel in feine Scheiben schneiden.
- Im Wok Olivenöl erhitzen, Zwiebelscheiben und Ingwer dazugeben und dünsten lassen.
- Hühnerbrust dazugeben und etwa 20 Minuten garen.
- Mandeln dazugeben, mit Sojasauce abschmecken, gut umrühren und etwa 2 Minuten weitergaren.

Fertigstellung

- Hühnerbrust im Wok warm servieren.

TIPP

- Statt Hühnerbrust können Sie auch Putenbrust verwenden.

Für 2 Personen

Scharfe Hühnerbrust

ZUTATEN

300 g Hühnerbrust
2 EL Paprikapulver
2 EL Olivenöl
50 ml Weißwein
2 Tomaten
Salz
2 EL Petersilie, gerebelt und getrocknet, zum Bestreuen

Hühnerbrust: etwa 25 Minuten

ZUBEREITUNG

- etwa 40 Minuten
- einfach

Zubereitung

- Hühnerbrust mit einem Messer von Sehnen und Fett befreien und in kleine Stücke schneiden.
- Die Fleischstücke in Paprikapulver wenden.
- In einer beschichteten Pfanne Olivenöl erhitzen und Fleisch darin anbräunen.
- Mit Weißwein ablöschen.
- Tomaten waschen, klein würfeln und zu den Fleischstücken geben.
- Mit Salz würzen und etwa 20 Minuten garen.

Fertigstellung

- Hühnerbrust auf Tellern anrichten, mit Petersilie bestreuen und warm servieren.

TIPP

- Als Beilage passen geschmorte Zwiebeln.

Mandelhühnerbrust im Wok

Hühnerbrust mit Zitrone

Für 2 Personen

ZUTATEN

300 g Hühnerbrust
50 g Stärkemehl
40 g Lauch
2 EL Olivenöl
Salz
2 Zitronen, Saft
2 EL Petersilie, gerebelt und getrocknet, zum Bestreuen

Hühnerbrust: etwa 30 Minuten

ZUBEREITUNG

- etwa 50 Minuten
- einfach

Zubereitung

- Hühnerbrust mit einem Messer von Sehnen und Fett befreien und in kleine Stücke schneiden.
- Die Fleischstücke in Stärkemehl wenden.
- Lauch in dünne Scheiben schneiden.
- In einem Wok Olivenöl erhitzen und Lauch darin anbräunen.
- Fleisch dazugeben und salzen.
- Sobald die Fleischstücke angebräunt sind, Zitronensaft dazugießen.
- Bei mäßiger Hitze etwa 30 Minuten zugedeckt garen lassen.

Fertigstellung

- Mit Petersilie bestreuen und im Wok warm servieren.

TIPP

- Als Beilage können Sie Topinamburgemüse servieren.

Puten-Carpaccio

Für 2 Personen

ZUTATEN

2 Tomaten
2 Staudensellerie-Stängel
1 EL Olivenöl
1 EL weißer Balsamicoessig
Salz
Pfeffer aus der Mühle
1 EL Petersilie, gerebelt und getrocknet, zum Bestreuen
100 g geräucherte Putenbrust, fein geschnitten
1 EL Parmesanspäne zum Bestreuen

Gemüse: etwa 5 Minuten

ZUBEREITUNG

- etwa 20 Minuten
- einfach

Zubereitung

- Tomaten waschen, vierteln, entkernen und fein würfeln.
- Staudensellerie putzen, waschen und in feine Scheiben schneiden.
- In einer beschichteten Pfanne Olivenöl erhitzen, Tomaten und Staudensellerie dazugeben und ein paar Minuten dünsten lassen.
- Mit Balsamicoessig, Salz und Pfeffer abschmecken.
- Petersilie unterrühren und abkühlen lassen.

Fertigstellung

- Putenbrustscheiben auf Tellern anrichten und das Gemüse dazugeben.
- Mit Parmesan bestreuen und servieren.

TIPP

- Das Puten-Carpaccio können Sie als Vorspeise servieren.

Hühnerbrust mit Zitrone

Für 2 Personen

Gebratene Fleischklößchen

ZUTATEN

300 g Rinderhackfleisch
50 g Mortadella, klein geschnitten
25 g Parmesan, gerieben
1 kleine Zwiebel, fein geschnitten
1 Ei
1 Msp. Muskatnuss
2 EL Petersilie, fein geschnitten
Salz
Pfeffer aus der Mühle

WEITERES

Mehl zum Wenden
25 g Butter zum Braten
1 EL Olivenöl zum Braten

Fleischklößchen: etwa 15 Minuten

ZUBEREITUNG

- etwa 40 Minuten
- einfach

Zubereitung

- In einer großen Schüssel Fleisch, Mortadella, Parmesan, Zwiebelwürfel, Ei, Muskatnuss und Petersilie gut verrühren.
- Mit Salz und Pfeffer würzen.
- Aus der Masse kleine Klößchen formen und in Mehl wenden.
- In einer beschichteten Pfanne Olivenöl und Butter erhitzen und die Klößchen darin braten.

Fertigstellung

- Klößchen aus der Pfanne nehmen und auf Küchenkrepp kurz abtropfen lassen.
- Auf Tellern anrichten und warm servieren.

TIPP

- Sie können die Fleischklößchen mit gekochtem Gemüse wie Karotten, Zucchini oder Champignons bzw. mit einem grünen Salat servieren.

Für 2 Personen

Gebratene Kalbsleber
auf venezianische Art

ZUTATEN

4 EL Olivenöl
300 g Zwiebeln, in feine Ringe geschnitten
3 EL Weißweinessig
300 g Kalbsleber
Salz
Pfeffer aus der Mühle

Zwiebeln: etwa 15 Minuten
Kalbsleber: etwa 15 Minuten

ZUBEREITUNG

- etwa 30 Minuten
- einfach

Zubereitung

- In einer beschichteten Pfanne 2 Esslöffel Olivenöl erhitzen und Zwiebelringe darin glasig andünsten.
- Essig dazugeben und bereitstellen.
- Kalbsleber in feine Scheiben schneiden.
- In einer anderen beschichteten Pfanne das restliche Olivenöl langsam erhitzen und Kalbsleber darin anbraten.
- Gedünstete Zwiebeln dazugeben, mit Salz und Pfeffer würzen und etwa 10 Minuten fertig garen.

Fertigstellung

- Kalbsleber mit den Zwiebeln auf Tellern anrichten und warm servieren.

TIPP

- Leber erst kurz vor dem Servieren salzen, sonst wird sie hart und zäh.

Für 2 Personen

Kalbsschnitzel mit Zucchini

ZUTATEN

50 g	Pancetta (Bauchspeck)
150 g	Zucchini, in Scheiben geschnitten
30 g	Butter zum Braten
1	kleine Zwiebel, fein geschnitten
2	Kalbsschnitzel, zu je 150 g
	Mehl zum Wenden
50 ml	warme Gemüsebrühe
	Salz
	Pfeffer aus der Mühle
1 EL	Parmesan, gerieben

Kalbsschnitzel: etwa 10 Minuten

ZUBEREITUNG

- etwa 30 Minuten
- einfach

Zubereitung

- Pancetta in kleine Würfel schneiden.
- Zucchini waschen, putzen und in Streifen schneiden.
- In einer beschichteter Pfanne die Hälfte der Butter erhitzen und Zwiebelwürfel und Pancetta darin anbraten.
- Zucchini dazugeben, kurz anbraten, herausnehmen und bereitstellen.
- Die restliche Butter in die Pfanne geben und erhitzen.
- Fleisch darin auf beiden Seiten kurz anbraten.
- Zucchini zum Fleisch geben, mit warmer Gemüsebrühe übergießen und kurz weitergaren.

Fertigstellung

- Mit Salz und Pfeffer würzen und mit Parmesan bestreuen.
- Auf Tellern anrichten und warm servieren.

TIPPS

- Zu den Kalbsschnitzeln passt auch ein Teelöffel Minzblätter.
- Statt Kalbsschnitzel können Sie auch Hühnerschnitzel verwenden.

Kalbsschnitzel mit Zucchini

Kalbsschnitzel mit Champignons

Für 2 Personen

ZUTATEN

- 100 g Champignons
- ½ Zitrone, Saft
- 2 Kalbsschnitzel, zu je 150 g
- Salz
- Pfeffer aus der Mühle
- Mehl zum Wenden
- 20 g Butter zum Braten
- 20 ml Marsala
- 2 EL Sauerrahm

WEITERES

- 2 EL Petersilie zum Garnieren, fein geschnitten

Kalbsschnitzel: etwa 10 Minuten

ZUBEREITUNG

- etwa 30 Minuten
- einfach

Zubereitung

- Champignons putzen, in Wasser mit Zitronensaft waschen und in dünne Scheiben schneiden.
- Kalbsschnitzel mit Salz und Pfeffer würzen und in Mehl wenden.
- In einer beschichteten Pfanne Butter erhitzen und Schnitzel darin auf beiden Seiten kurz anbraten.
- Schnitzel aus der Pfanne nehmen und warm halten.
- Champignons in die Pfanne geben und kurz anbraten.
- Mit Marsala ablöschen.
- Sauerrahm zufügen und die Sauce einkochen lassen.

Fertigstellung

- Schnitzel auf Tellern anrichten, mit der Champignonsauce übergießen, mit Petersilie garnieren und warm servieren.

TIPP

- Statt Marsala können Sie auch Weißwein verwenden.

Kalbsschnitzel mit Walnüssen

Für 2 Personen

SCHNITZEL

- 2 Kalbsschnitzel zu je 150 g
- Mehl zum Wenden
- 20 g Butter zum Braten
- 1 kleine Zwiebel, fein geschnitten
- Salz
- Pfeffer aus der Mühle
- 50 ml warme Gemüsebrühe

SAUCE

- 1 Tomate
- 10 Walnusskerne
- ½ Knoblauchzehe
- 6 Basilikumblätter
- 1 EL Parmesan, gerieben
- Salz
- Pfeffer aus der Mühle
- 2 EL Milch

Kalbsschnitzel: etwa 10 Minuten

ZUBEREITUNG

- etwa 30 Minuten
- einfach

Zubereitung

- Kalbsschnitzel in Mehl wenden und bereitstellen.
- In einer beschichteten Pfanne Butter erhitzen und Zwiebelwürfeln darin anschwitzen.
- Fleisch dazugeben, kurz anbraten, mit Salz und Pfeffer würzen, mit Gemüsebrühe übergießen und etwa 5 Minuten bei mäßiger Hitze garen.
- Fleisch aus der Pfanne nehmen, abtropfen lassen und warm halten.
- Tomate waschen, schälen und zusammen mit Walnusskernen, Knoblauch und Basilikum in den Mixer geben.
- Mixen und die Sauce in eine Schüssel geben.
- Parmesan zur Sauce geben, mit Salz und Pfeffer würzen, Milch zufügen und gut vermischen.

Fertigstellung

- Sauce in eine Pfanne geben und ein paar Minuten einkochen lassen.
- Schnitzel auf Tellern anrichten, die Sauce über das Fleisch geben und warm servieren.

TIPP

- Statt Walnüsse können Sie für die Sauce auch gesalzene Kapern verwenden.

Kalbsschnitzel mit Champignons

Kalbsschnitzel mit Walnüssen

Für 2 Personen

Rindfleisch mit Salat

ZUTATEN

- 300 g Rindfleisch (von der Nuss), in dünne Scheiben geschnitten
- 2 EL Pesto alla genovese
- 3 EL Olivenöl
- Salz
- Pfeffer aus der Mühle
- 1 kleine Zwiebel, in feine Ringe geschnitten

SALAT

- 100 g Rucola
- 150 g Kirschtomaten
- 4 große grüne Oliven, entsteint
- 2 EL Olivenöl
- Salz
- Pfeffer aus der Mühle

Zwiebeln und Fleisch: etwa 10 Minuten

ZUBEREITUNG

- etwa 30 Minuten + 1 Stunde zum Marinieren
- einfach

Rindfleisch

- Rindfleischscheiben in dünne Streifen schneiden und in eine Schüssel geben.
- Pesto zum Fleisch geben und gut vermischen.
- Fleisch mit 2 Esslöffelm Olivenöl beträufeln, mit Salz und Pfeffer würzen und etwa 1 Stunde marinieren lassen.
- In einer beschichteten Pfanne das restliche Olivenöl erhitzen und Zwiebelringe darin dünsten.
- Mariniertes Fleisch dazugeben, etwa 5 Minuten garen und in eine Schüssel geben.

Salat

- Rucola putzen, waschen und in mundgerechte Stücke reißen.
- Tomaten waschen und vierteln.
- Oliven halbieren.

Fertigstellung

- Rucola, Tomaten und Oliven zum Fleisch geben, mit Olivenöl anmachen, mit Salz und Pfeffer würzen, gut vermischen und servieren.

TIPPS

- Dieses Gericht können Sie auch lauwarm oder kalt servieren.
- Gehackten Knoblauch (eine Knoblauchzehe) nach Geschmack zur Fleischmarinade dazugeben.

Für 2 Personen

Carpaccio mit Stracchino

ZUTATEN

- 200 g Rindsfilet, in hauchdünne Scheiben geschnitten
- 1 Zitrone, Saft
- 30 g Rucola
- 40 g Parmesan, gehobelt
- 40 g Stracchino (Weichkäse), in Würfel geschnitten
- 50 g Naturjoghurt (fettarm)
- 1 TL Senf
- Salz
- Pfeffer aus der Mühle

ZUBEREITUNG

- etwa 30 Minuten + Kühlzeit
- einfach

Zubereitung

- Rindsfiletscheiben auf Tellern anrichten, mit Zitronensaft beträufeln und etwa 15 Minuten marinieren lassen.
- Rucola putzen, waschen, trocken schleudern und in mundgerechte Stücke reißen.
- Über das Fleisch Parmesan, Stracchino und Rucola geben.
- In einer Schüssel Joghurt und Senf gut verrühren, mit Salz und Pfeffer würzen.

Fertigstellung

- Sauce über das Fleisch geben und vor dem Servieren etwa 30 Minuten im Kühlschrank kalt stellen.

TIPP

- Statt Rindfleisch können Sie für das Carpaccio auch Thunfisch verwenden.

"Unser Mila-Joghurt:
nur aus frischer
BERGBAUERN-
MILCH"
100%
MILCH
AUS
SÜDTIROL
OGNI GIORNO RACCOGLIAMO IL LATTE DELLE NOSTRE MUCCHE, ALLEVATE CON CURA NEI MASI DI MONTAGNA.
QUESTA È UNA STORIA VERA.
mila
SÜDTIROL
Gusto+Gusto
Knusperghurt
100% LATTE DELL'ALTO ADIGE
NON OGM
OHNE GENTECHNIK
BIANCO E MANDORLE CON CIOCCOLATO
NATUR UND MANDELN MIT SCHOKOLADE
NUOVA RICETTA
Qualità
0,1%
100% Latte dell'Alto Adige Milch aus Südtirol
Qualità Classica
WIR LEGEN WERT AUF NATÜRLICHES FUTTER FÜR UNSERE
KÜHE UND LIEFERN DIE MILCH TÄGLICH FRISCH.
DIES GARANTIEREN WIR.
Qualität
SÜDTIROL
mila
SÜDTIROL

Schnitzel alla pizzaiola mit Thunfisch

Für 2 Personen

ZUTATEN

- 2 Kalbsschnitzel zu je 150 g
- Mehl zum Wenden
- 1 EL Olivenöl
- 50 g Thunfisch (eine kleine Dose)
- 50 g Pelati, in Würfel geschnitten
- ½ Knoblauchzehe, fein gehackt
- 1 EL Oregano, gerebelt und getrocknet
- Salz
- Pfeffer aus der Mühle
- 2 EL Olivenöl

Kalbsschnitzel: etwa 200 Grad
Kalbsschnitzel: etwa 10 Minuten

ZUBEREITUNG

- etwa 30 Minuten
- einfach

Zubereitung

- Kalbsschnitzel in Mehl wenden.
- Eine feuerfeste Form mit Olivenöl einfetten und die Schnitzel hineinlegen.
- Thunfisch zerbröseln und mit Tomaten- und Knoblauch über das Fleisch geben.
- Mit Oregano, Salz und Pfeffer würzen und mit etwas Olivenöl beträufeln.
- Mit Alufolie abdecken und im vorgeheizten Backofen bei 200 Grad etwa 10 Minuten garen.

Fertigstellung

- Alufolie entfernen und etwa 5 Minuten weiter garen.
- Mit Olivenöl beträufeln und in der Form warm servieren.

TIPP

- Als weitere Zutaten können Sie auch schwarze Oliven und Kapern verwenden.

Scharfe Hamburger

Für 2 Personen

ZUTATEN

- 2 EL Olivenöl
- ½ Knoblauchzehe
- 1 Msp. Peperoncino
- 30 ml trockener Weißwein
- 2 Hamburgersteaks (aus Rinderhackfleisch)
- 2 Sardellenfilets in Salz

WEITERES

- 1 EL gesalzene Kapern
- 1 EL Petersilie, fein geschnitten

Hamburger: 10–15 Minuten

ZUBEREITUNG

- etwa 20 Minuten
- einfach

Zubereitung

- Olivenöl in einer beschichteten Pfanne erhitzen, Knoblauch und Peperoncino dazugeben und mit Weißwein ablöschen.
- Hamburger in die Pfanne geben und auf beiden Seiten anbraten.
- Sardellenfilets zufügen und fertig braten.

Fertigstellung

- Kapern gut waschen und fein hacken.
- Hamburger auf Tellern anrichten, mit Petersilie und Kapern bestreuen und servieren.

TIPP

- Als Beilage servieren Sie einen grünen Salat.

Schnitzel alla pizzaiola mit Thunfisch

Hamburger alla pizzaiola

Für 2 Personen

ZUTATEN

- 2 EL Olivenöl
- ½ Knoblauchzehe
- 2 Hamburgersteaks (aus Rinderhackfleisch)
- 75 ml Tomatensauce
- Salz
- Pfeffer aus der Mühle
- 125 g Mozzarella
- 4 Sardellenfilets in Öl
- 1 EL Oregano, gerebelt und getrocknet
- 1 EL Basilikum, gerebelt und getrocknet

Hamburger: 10 – 15 Minuten

ZUBEREITUNG

- etwa 20 Minuten
- einfach

Zubereitung

- Olivenöl in einer beschichteten Pfanne erhitzen, Knoblauch dazugeben und kurz anbraten.
- Hamburger in die Pfanne geben und auf beiden Seiten anbraten.
- Tomatensauce dazugeben und mit Salz und Pfeffer würzen.
- Mozzarella in Würfel schneiden und auf die Tomatensauce streuen.
- Sardellenfilets abseihen und zur Sauce geben.

Fertigstellung

- Mit Oregano und Basilikum würzen und fertig braten.
- Hamburger mit der Sauce auf Tellern anrichten und warm servieren.

TIPP

- Statt der Tomatensauce können Sie auch frische, in Würfel geschnittene Tomaten verwenden.
- Sie können den Mozzarella auch im Backofen schmelzen lassen.

Kalbsmedaillons mit grünem Pfeffer

Für 2 Personen

ZUTATEN

- 2 EL Olivenöl
- 4 Kalbsmedaillons zu je 90 g
- 2 EL grüner Pfeffer, fein gemahlen
- 30 ml Cognac oder Brandy
- Salz
- 2 EL Sauerrahm
- grüne Pfefferkörner zum Garnieren

Medaillons: etwa 5 Minuten

ZUBEREITUNG

- etwa 15 Minuten
- einfach

Zubereitung

- Olivenöl in einer beschichteten Pfanne erhitzen und Medaillons auf beiden Seiten kurz anbraten.
- 1 Esslöffel Pfeffer dazugeben und mit Cognac ablöschen.
- Medaillons aus der Pfanne nehmen, mit Salz würzen und warm halten.
- Sauerrahm und 1 Esslöffel Pfeffer zum Fond geben und gut verrühren.
- Mit Salz abschmecken.

Fertigstellung

- Medaillons auf Tellern anrichten.
- Sauce auf das Fleisch geben, mit Pfefferkörnern garnieren und sehr warm servieren.

TIPP

- Wenn die Sauce zu flüssig ist, verwenden Sie ein bisschen Mehl zum Binden.

Hamburger alla pizzaiola

Kalbsschnitzel mit Zitrone

Für 2 Personen

ZUTATEN

- 2 Kalbsschnitzel zu je 150 g
- Mehl zum Wenden
- 2 EL Olivenöl zum Braten
- 1 Zitrone, Saft
- 50 ml Gemüsebrühe
- 1 Zitrone, in dünne Scheiben geschnitten
- Salz
- Pfeffer aus der Mühle

Kalbsschnitzel: etwa 15 Minuten

ZUBEREITUNG

- etwa 30 Minuten
- einfach

Zubereitung

- Kalbsschnitzel in Mehl wenden.
- In einer beschichteten Pfanne Olivenöl erhitzen und Kalbsschnitzel darin kurz anbraten.
- Zitronensaft mit Gemüsebrühe gut vermischen und zum Fleisch geben.
- Zitronenscheiben zufügen, mit Salz und Pfeffer würzen und bei mäßiger Hitze 10 Minuten fertig garen.

Fertigstellung

- Auf Tellern anrichten und warm servieren.

TIPP

- Wenn der Fond zu stark eingedickt ist, mit etwas Gemüsebrühe aufgießen, bis das Fleisch fertig gegart ist.

Vitello tonnato mit Joghurt

Für 2 Personen

ZUTATEN

- 400 g Kalbfleisch (Nuss)
- Salz
- Pfeffer aus der Mühle
- 200 ml Weißwein

THUNFISCHSAUCE

- 150 g Thunfisch in Öl
- 2 Sardellenfilets
- ½ Zitrone, Saft
- 70 g Naturjoghurt

WEITERES

- gesalzene Kapern zum Garnieren

Kalbfleisch: etwa 1½ Stunden

ZUBEREITUNG

- etwa 2 Stunden + Kühlzeit
- einfach

Zubereitung

- Kalbfleisch in einen Topf legen, mit Salz und Pfeffer würzen und mit Weißwein übergießen.
- Kalbfleisch bei mäßiger Hitze etwa 1½ Stunden zugedeckt köcheln lassen.
- Fleisch gut abtropfen lassen und in eine Schüssel legen.
- Thunfisch abtropfen lassen, in kleine Stücke teilen und zusammen mit Sardellen, Zitronensaft und Joghurt im Mixer fein pürieren.
- Thunfischsauce auf das Fleisch geben, mit Klarsichtfolie abdecken und im Kühlschrank etwa 12 Stunden kalt stellen.

Fertigstellung

- Fleisch in dünne Scheiben schneiden und auf Tellern anrichten.
- Kapern gut waschen und abtropfen lassen.
- Fleisch mit der Thunfischsauce überziehen, mit Kapern garnieren und servieren.

TIPP

- Vitello tonnato können Sie sowohl als Vorspeise als auch als Hauptgericht servieren.

Vitello tonnato mit Joghurt

Für 2 Personen

Scharfe Rouladen

ZUTATEN

2	Kalbsschnitzel zu je 150 g
40 g	gesalzene Kapern
80 g	Parmesan, gehobelt
1 Msp.	Peperoncino
	Salz
	Pfeffer aus der Mühle
100 g	Pancetta (Bauchspeck), in zwei Scheiben geschnitten
4	Salbeiblätter
2 EL	Olivenöl
30 ml	Weißwein
150 ml	Gemüsebrühe

Rouladen: etwa 20 Minuten

ZUBEREITUNG

- etwa 30 Minuten
- einfach

Zubereitung

- Fleisch mit dem Fleischklopfer dünn klopfen.
- Kapern gut waschen und abtrocknen.
- Schnitzel mit Parmesan, Kapern und Peperoncino bestreuen, mit Salz und Pfeffer würzen und zu zwei Rouladen aufrollen.
- Rouladen mit Pancetta-Scheiben umwickeln.
- Jede Roulade mit zwei Salbeiblättern garnieren und mit Küchengarn verschnüren.
- In einer beschichteten Pfanne Olivenöl erhitzen und Rouladen darin etwa 5 Minuten braten.
- Mit Weißwein ablöschen, mit Gemüsebrühe übergießen und etwa 15 Minuten weitergaren.

Fertigstellung

- Rouladen auf Tellern anrichten und warm servieren.

TIPP

- Zum Fixieren der Rouladen können Sie auch Zahnstocher verwenden.

Für 2 Personen

Carpaccio mit Gemüse

ZUTATEN

200 g	Rindsfilet, in hauchdünne Scheiben geschnitten
1 EL	Olivenöl
½	Zitrone, Saft
	Salz
80 g	Sellerie
100 g	Kirschtomaten

DRESSING

1 EL	Olivenöl
1 EL	Weißweinessig
½	Zitrone, Saft
1 EL	Dill, fein geschnitten
	Salz
	Pfeffer aus der Mühle

ZUBEREITUNG

- etwa 30 Minuten + Kühlzeit
- einfach

Zubereitung

- Rindsfiletscheiben auf Tellern anrichten, mit Olivenöl und Zitronensaft beträufeln, mit Salz würzen und 15 Minuten marinieren lassen.
- Sellerie putzen, waschen und fein schneiden.
- Tomaten waschen und vierteln.
- In eine Schüssel Olivenöl, Essig, Zitronensaft und Dill geben, gut vermischen und mit Salz und Pfeffer würzen.
- Sellerie und Tomaten in die Schüssel geben und gut umrühren.

Fertigstellung

- Gemüse auf das Fleisch geben und vor dem Servieren etwa 30 Minuten kalt stellen.

TIPP

- Statt Rindsfilet können Sie für das Carpaccio auch Thunfisch verwenden.

werbecompany.com

Von folgenden Fachlehrern und Schülern der Landesberufsschule „Emma Hellenstainer“ in Brixen wurden die Rezepte für die Erstellung der Fotos gewissenhaft nachgekocht:

v.l.n.r.:
Alex Ralser,
Florian Rabanser,
Robert Hagara,
Lorenz Wieser,
Philip Gasser,
Franz Thaler
(Küchenmeister und Fachlehrer),
Anton Vitus Thaler,
Martin Matzoll,
Kevin Höller,
Manuel Mölgg,
Simon Grunser,
Florian Fink,
Jakob Marmsoler
(Küchenmeister, Fachlehrer und Mitautor des Buches „Basis der guten Küche“)

nicht im Bild:
Fabian Eccli,
Alexander Steger

Bibliografie

KLINISCHE STUDIEN

A prospective study of eggs consumption and risk of cardiovascular disease in men and woman, Hu FB, Willett WC, JAMA 1999 Apr 21; 281(15): 1387–94

Regular egg consumption does not increase the risk of stroke and cardiovascular diseases. Qureshi AI, Kirmani JF. Med Sci Monit 2007; 13(1): CR1-8

High protein weight loss diets and purported adverse effects: where ist the evidence?, A. Manninen, Sports Nutrition Review Journal, 45–51, 2004

Effects of Dietary Composition on Energy Expenditure During Weight-Loss Maintenance, C.B. Ebbeling et al., JAMA, June 27, 2012 – Vol 307, No. 24

Diets with high or low protein content and glycemic index for weight loss mantenance, DIOGENES-Study, NEJM, Nov 2010.

Estimated macronutrient and fatty acid intakes from an East African Paleolithic diet. Kuipers RS, Cordain L et al, Br J Nutr. 2010 Dec

Achieving hunter-gatherer fitness in the 21(st) century: back to the future, O. Keefe JH, Cordain L et al, Am J Med. 2010 Dec

The association between pregnancy weight gain and birthweight: a within-family comparison, Ludwig DS et al, Lancet. 2010 Sep

INSTITUTE OF MEDICINE (2002). Letter report on dietary reference intakes for trans fatty acids. National Academy of Sciences, USA, July 2002

Trans Fatty Acid in Human Nutrition, J. L. Sébédio e W. W. Christie, The oily press, 1998

The glycemic index: physiological mechanisms relating to obesity, diabetes, and cardiovascular disease, Ludwig DS. JAMA 2002; 287:2414–23

Comparison of weight-loss diets with different compositions of fat, protein, and carbo-hydrates, Sacks FM et al. N Engl J Med 2009;360:859–73.

Metabolic effects of fructose and the worldwide increase in obesity, Tappy L, Le KA. Physiol Rev 2010, 90:23–46

BÜCHER

Gary Taubes, Why we get fat and what to do about it
Gary Taubes, Good calories, bad calories
Loren Cordain, The Paleo Diet
Loren Cordain, The Paleo Answer
Loren Cordain, Das Getreide – Zweischneidiges Schwert der Menschheit
Mark Sisson, The Primal Blueprint
Mark Sisson, 21 Day total body transformation
Gretchen Becker, Type 2 Diabetes
Richard Bernstein, The Diabetes Solution
Richard Bernstein, The Diabetes Diet
Michael & Mary Dan Eades, Protein Power
William Reymond, Toxic
Volek/Phinney, The Art and Science of low carbohydrate living
Braly/Hoggan, Dangerous Grains
Hans-Ulrich Grimm, Die Ernährungslüge
Hans-Ulrich Grimm, Der Bio-Blöff
Thilo Bode, Die Essensfälscher
Zoe Harcombe, The Obesity Epidemic
Zoe Harcombe, The Harcombe Diet for Men
Andreas Joop, Risikofaktor Vitaminmangel
Westman/Phinney/Volek, The New Atkins for a New You
Arthur de Vany, The New Evolution Diet
Allan, Lutz, Life without bread: How a Low-Carbohydrate Diet can save Your Life
Filippo Ongaro, Mangia che ti passa
Nicolai Worm, Glücklich und schlank
Nicolai Worm, Syndrom X oder Ein Mammut auf dem Teller!
Michael Hamm, Die richtige Ernährung für Sportler
Lehnert, The Cholesterol Delusion
Johannes F. Coy/Maren Franz, Die neue Anti-Krebs-Ernährung
Sabine Paul, Paläopower
Michael Holick, The Vitamin D Solution
Uffe Ravnskov, Fat and Cholesterol are good for you
Mary G. Enig, Know Your Fats: The Complete Primer for Understanding the Nutrition of Fats, Oils and Cholesterol
Jeff Volek/Stephen Phinney, The Art and Science of Low Carbohydrate Performance
Michael Pollan, The Omnivore's Dilemma
The Real Truth About Sugar, Dr. Robert Lustig's Video Lecture – „Sugar: The Bitter Truth"

NÜTZLICHE INTERNETSEITEN

http://www.nytimes.com/2011/04/17/magazine/mag-17Sugar-t.html?_r=2&pagewanted=9
http://eatingacademy.com
http://www.drbriffa.com
http://www.youtube.com/watch?v=m8dWNbEscOw
http://www.dietdoctor.com
http://drmalcolmkendrick.org
http://udoerasmus.com/articles/udo/fthftk.htm
http://www.terrywahls.com/
http://garytaubes.com/
Everyday Paleo: everydaypaleo.com
Denise Minger: rawfoodsos.com
Livin' La Vida Low Carb: livinlavidalowcarb.com
thepaleodiet.com
proteinpower.com/drmike
http://www.ravnskov.nu/cholesterol.htm
http://www.forever-vital.de/company_info.php?info_id=24
http://www.marksdailyapple.com/
http://robbwolf.com/
http://chriskresser.com/beyondpaleo
http://paleodietlifestyle.com/

Rezeptregister